The Economics of Movie Production and Financing

娛樂圈經濟學

中國電影監製的親傳秘辛

岳翔（Shawn Xiang Yue）
—— 著

山頂文化

本書作者岳翔

《唐人街探案 2》開機儀式

紐約麥迪遜大道（Madison Ave）完全封路拍攝

岳翔在《唐探 2》拍攝現場

岳翔在《唐探 3》東京下水道系統實景拍攝現場

岳翔與成龍

岳翔與黎明

《滚蛋吧！腫瘤君》首映式

《外公芳齡 38》首映式

《親密旅行》首映式

《不速之客》首映式

參與電影後期配樂的岳翔

目 錄

前 言

娛樂圈八卦 VS 諾貝爾經濟學獎

很多人最初知道我，都因為我是個製片人。

除了給自家電影、劇集、商業紀錄片以及各種泛娛樂產品提供財務投資之外，我也經常親自上陣做具體的製片工作，給自家的影視娛樂項目做投後管理。

在做製片人的同時，我也是自家公司的董事長，並兼任幾個兄弟公司的 CEO，也給別人家的各種泛娛樂產品提供直接投資以及供應鏈金融服務。

我從小就是「文藝少年」，可大人們都說我缺乏天賦。於是我專門挑選有天賦的優秀藝術家一起工作，以期我的藝創能力能夠伴隨着我的年齡一同成長。可這麼多年下來，「吹拉彈唱」我依然哪樣都不會，「聲台形表」我依然每一門都業餘，「琴棋書畫」雖然會的人不少，但我依然不太行。看這架勢，即便是繼續做時間的朋友，我也只能成為一個「文藝老年」。

但在我剛成為「文藝青年」的時候，已經在好幾家文化娛樂類的集團公司擔任過比較重要的管理崗位。這些集團當中有兩家都成功在香港借殼上市，有一家在國內 A 股 IPO（initial public offering，首次公開募股）首發上市，還有一家通過事實上的反向併購在國內 A 股實現了非首發上市。

在文藝圈裏我做過 LP（limited partner，有限合夥人）也做過 GP（general partner，普通合夥人），從事過天使投資、PE（private equity，私募股權基金）投資，也做過 VC（venture capital）風險投資，反覆經歷過資源募集、投資決策、投後管理、IPO、VIE（variable interest entities，權益變動實體投資）、借殼上市、併購重組、套現退出（cash out exit）。不僅積累了大量的娛樂圈實踐經驗，還深切體會了「名利場」的「江湖複雜性」。

如果你曾經關注過「名利場」裏的小道消息與八卦新聞，那你恐怕會認為我是個「混娛樂圈的老江湖」。

但我自己並不完全同意這種說法。

雖然「混」這個字充滿了力量感，還隱隱透着一種忍耐與執着，可如果你允許我這個「老江湖」自己來描述，那我認為自己其實是個「金融專業人士」。

畢竟我除了在娛樂圈「混」了這二十來年之外，也是中國最早那幾批參加基金從業資格考試且成績合格的考生。最近這七八年，我也學着別人在華爾街做對沖基金，不僅做二級市場投資，還給荷里活電影提供資金服務。

在金融行業的專業知識體系裏，我在娛樂圈的工作其實屬於系統化的「另類投資」。所以我認為自己是一個很專業的「另類投資人」。

「另類」並不是說我這個人很特立獨行，而是由金融行業的規矩所決定的。

最近很時髦的 CFA (chartered financial analyst，特許金融分析師) 考試對「另類」一詞有個很奇怪的標準答案：除了公開交易的股票、債券以及各類在交易所進行公開叫價的現金資產之外的其他所有類型的投資，全都叫「另類投資 (alternative investment)」。

按照此標準，我做的電視劇、網劇和電影肯定是「另類投資」項目；各種綜藝節目也得是「另類投資」項目；挖掘各類「偶像組合」，包裝各種「小鮮肉」出來「跑通告」同樣也是「另類投資」項目：整個娛樂圈裏所有能讓「不是藝術家」的人賺錢的「項目 (deal)」，按照金融投資行業的規矩，全都應該被歸類為「另類投資」。

千萬別以為「另類投資」是個很小眾的分類。

按照華爾街的標準，「廣場舞大媽」喜歡的黃金投資，「煤老闆」喜歡的資源與礦產投資，各路江湖狠人整出來的「蒜你狠」、「蔥擊波」、「豆你玩」、「糖高宗」等商品投資，以及那些「功在當代利在千秋」的基礎設施投資、農田水利建設與修橋補路投資，在全球統一的專業化金融投資領域裏，全都應該叫做「另類投資」。

至於各類大佬喜歡的文玩、手串、護寶錘這些，其實也是華爾街分類中的「另類投資」，而各類附庸風雅的瓷器、字畫等藝術品和收藏品投資也是「另類投資」，甚至連「民間借貸」，按照華爾街的標準其實也屬於是「另類投資」。

你信不信，「娛樂圈」其實是「另類投資」的最佳實驗場。在這裏練出的功夫，在其他的投資領域也同樣適用。

你要是不相信，可以問問在中國誰是博物館級收藏投資的第一高手？

「馬未都」。

但其實「馬爺」以前是個編劇，寫過《編輯部的故事》和《海馬歌舞廳》，妥妥的娛樂圈人士。

那誰是中國民間收藏「第一護寶錘」呢？

「王剛」。

但「和大人」其實是個演員，演過《宰相劉羅鍋》和《鐵齒銅牙紀曉嵐》，絕對是娛樂圈人士。

當然，「另類投資」的範圍還不止於此。

按照華爾街的標準，其實「房地產投資」也是「另類投資」。這不僅僅是指「溫州炒房團」那麼簡單，無論你的公司規模有多大、員工數量有多少，只要你依然還是做房地產項目而不是炒房地產公司的股票，你都只能被歸類成「另類投資」。

那麼，你知道這世界上最偉大的文旅地產老闆是誰嗎？

「華特・迪士尼（Walt Disney）」。

毫無疑問，他也是娛樂圈人士。

我在中國收到的所有文旅地產項目的融資路演文件 PPT，幾乎都寫着自己要成為「中國的迪士尼」。

但大家可能都沒意識到，迪士尼並不是一個「地產企業」，而是一個多元企業集團（conglomerate）。它從本質上看其實是由多個功能不同的子系統所組成的巨型的複雜系統（complex system）。

所以只要稍微思考一下，就會發現所有的「另類投資」項目都和「娛樂圈」有共同的特點：

信息透明度低，交易成本高昂，市場主體分散，裙帶關係

複雜，內部人控制（insider control）橫行，合同不完整，缺乏準確的估值模型與通用的價值衡量標準，盈利結構複雜，流動性欠佳且風險極高。

大家願意進行「另類投資」，無非是因為這些領域的估值方法（valuation methods）確實沒那麼「硬核」，給參與者們留下了很多「事在人為」的努力空間。

但具體該如何努力呢？

想必應該是「理論與實踐相結合」。

金融領域的理論拿耳朵聽一聽就已經夠複雜了，真要學以致用恐怕更是不容易。

這時就凸顯出了我們娛樂圈人士以及娛樂圈八卦對於經濟學的意義了。

任何一個娛樂圈人士，總把自己搞得很高冷肯定是不行的。哪怕是古裝偶像明星也得在不演戲的時候放下身段，養成能讓各類觀眾感到親近的服務意識，才能避免變成「流星」。而我們娛樂圈裏的各種江湖八卦就更可愛了。這玩意天然就是低門檻，具有高度的可傳播性與社交性，非常適合當作案例研究。

所以本書裏描述的「實踐」，主要來自於本人在影視製片投資及管理實踐中積累的各種「江湖八卦」，能方便大家「對號入座」。而本書裏的「理論基礎」，則分為兩部分。第一部分建立在經濟學當中最基本的一些概念基礎上，比如生產、交換、分配、消費，非常容易搞懂，方便大家「快速入門」。然後，我會將這些「江湖八卦」用經濟學原理抽象出來，用十八位諾貝爾經濟學獎獲得者的創新型理論進行重新解讀，讓大家能夠「一通百通」。

你沒看錯，我寫的不是「奧斯卡獎（Oscar）」，而是「諾貝爾獎（Nobel Prize）」。

具體就是指由瑞典皇家科學院評選的，最初由瑞典中央銀行在 1968 年出資設立的，為了紀念炸藥大王亞弗列·諾貝爾（Alfred Nobel）的傑出成就而每年都會在斯德哥爾摩頒發的「諾貝爾經濟學獎（Nobel Memorial Prize in Economic Sciences）」。

從我的經驗來看，這些諾貝爾獎理論確實是與我多年在娛樂圈的風風雨雨直接相關的。

我上大學時最初的專業是文學，後續深造的專業是應用語言學，緊接着我又專門學習了工商管理與金融投資。從娛樂圈的視角來看，這些學科好像都與影視演藝行業關係不大。所以當我最初進入影視娛樂行業之時，很多業內「大佬」都曾不斷向我渲染娛樂圈的「特殊性」與「例外性」，而大量不明真相的吃瓜群眾也確實都相信了娛樂圈的這種「江湖特徵」。

但所謂「江湖」，無非就是摻雜了金錢關係的勾心鬥角。而所有與金錢有關的人類行為，其實都是經濟學研究的範疇。

如果我們從經濟學的角度來思考娛樂江湖裏的這點爾虞我詐，那最簡單直接的方法其實是學習「博弈論」及與其相關的思維方法。

這就必然要提及 1994 年獲得諾貝爾獎的約翰．納殊（John Nash），以及 2005 年獲得諾貝爾獎的羅拔．奧曼（Robert Aumann）。

這兩位對我來說都不是外人。奧曼教授雖然主要在以色列的希伯來大學任教，但卻在紐約州立大學（SUNY）有間辦公室，時不時還會給本科生講課。近水樓台先得月，我時常可以去旁聽。而在約翰．納殊的勵志人生故事被拍成電影《有你終生美麗》（*A Beautiful Mind*）並奪得多項奧斯卡獎之後，他幾乎已經完全可以算是「電影圈的同行」了。

這哥倆雖然不負責給我找合作夥伴，但卻能幫我解決找到對象之後卻猜不出對方在想甚麼的問題，以及猜出對方想幹啥之後自己該如何想，又該如何應對。

但如果你能承認娛樂圈也是個生意，那你就應該承認任何生意其實都是不可能脫離經濟學原理的。

於是我就又「邀請」了其他幾位也曾經獲得諾貝爾經濟學獎的經濟學家來幫我分析娛樂圈八卦，並使用他們的經濟學理論來幫我調整自己的投資策略。

按照他們獲得諾貝爾經濟學獎的時間順序，我將他們的理論以及針對娛樂圈的江湖實踐意義羅列如下：

1973 年的諾貝爾經濟學獎得主：華西里・列昂惕夫(Wassily Leontief)

如果我們承認電影是一門生意，那電影公司就是一個小型經濟體。列昂惕夫教會了我如何利用他的投入產出分析（input-output analysis）相關理論，為我的「小型經濟體」編制包括資金、人力、時間與江湖關係和各色人情債在內的完整投入產出表。

1975 年獲得諾貝爾經濟學獎的蘇聯經濟學家：列昂尼德・維塔耶維奇・康托羅維奇（Leonid Vitaliyevich Kantorovich）

此人和我一樣是鐵算盤外加鐵公雞，他有一套基於數學計算的方法論，叫做線性編程（linear programming）。這個理論幫助我將公司的電影業務按照線性關係分解成（1）選題；（2）開發；（3）投融資；（4）籌備拍攝；（5）拍攝製作；（6）製作後期；（7）宣傳營銷；（8）分窗口發行；（9）收益結算；（10）資產證券化：一共十個階段。這樣每個單體電影的對應階段都不僅可以做單線程任務安排，不同的電影項目還可以交叉後進行合併同類項，以實現投資風險對沖。

1977 年的諾貝爾經濟學獎得主：貝蒂・俄林 (Bertil Ohlin)

他告訴我如果想要發展壯大，就絕不能搞大而全。他的資源稟賦理論告訴我，既然我做的崗位是製片人，那就絕對不要去搶藝術家的生意，而是應該充分研究並尊重自己的比較優勢。而我的幾間公司都應當放眼長遠，建立自己的「資源稟賦體系」，分別成為以「製片」與「投資」為不同核心業務的優秀影視娛樂類企業。

1982 年的諾貝爾經濟學獎得主：喬治・斯蒂格勒 (George Joseph Stigler)

在影視娛樂的江湖中，買家總想少花錢，而賣家總想多要錢。製片人夾在中間，就非常尷尬。但斯蒂格勒的理論卻可以分別去說服想少花錢的買方與想多賺錢的賣方。他可以有理有據地告訴江湖上的各方人士，究竟各自的「定價策略理論」分別存在甚麼問題，如何在真金白銀的競爭與合作中達成讓大家都相對滿意的交易結果。

1990 年的諾貝爾經濟學獎得主：哈里．馬科維茨（Harry Markowitz）

馬科維茨「給」我的建議是要清楚地認識到自己的局限性，絕對不能膨脹。因為無論自己掌握了多少資源，都是「有限資源」，必須在全情投入的同時使用投資組合設計理論。這教會了我如何決定哪些才是我需要去認真追求的目標，而哪些是需要我主觀上放棄的部分成果。

1991 年的諾貝爾經濟學獎得主：朗奴．哈里．高斯（Ronald Harry Coase）

他負責解釋闖蕩江湖時究竟怎樣才能識別交易對手方的實際意圖，如何確認交易成本，如何認識江湖上各種所謂「價值投資」背後的所有權結構缺陷，確保在人心隔肚皮的情況下儘量少上當受騙。

2001 年的諾貝爾經濟學獎得主：喬治．阿克洛夫（George Akerlof）、安德魯．米高．斯彭思（Andrew Michael Spence）、約瑟夫．斯蒂格利茨（Joseph Stiglitz）

他們負責解釋為甚麼這個江湖裏始終都會存在一些黑暗面，負責分析為甚麼總有那麼多「純騙子」浪蕩於江湖之中還居然真的可以賺到錢。他們將從學術的角度解釋為甚麼有些人依靠基於「道德風險理論」的低劣騙術，居然能夠持續在江湖中生存，並且告訴大家如果遇到了這樣的人和事該怎麼辦。

2002 年的諾貝爾經濟學獎得主：丹尼爾・卡尼曼（Daniel Kahneman）

他負責告訴大家江湖上的「有錢任性」究竟是怎麼回事兒？如何管控「有錢任性」以及如果發現有人就是不聽勸之後，如何利用別人的「有錢任性」來為自己賺錢。

2009 年的諾貝爾經濟學獎得主：奧利弗・威廉森（Oliver Williamson）

他負責告訴各種企業的老闆，究竟該建立一支甚麼樣的團隊才能真正有效管控投資風險，怎樣管控人力資源成本才能穩步提高投資收益。

2012 年的諾貝爾經濟學獎得主：勞埃德・沙普利（Lloyd Shapley）、阿爾文・羅思（Alvin Roth）

這兩位提出的「婚配市場理論」（matching market theory）不僅能夠用來在影視的江湖中談情說愛找對象，還能夠幫助懷才不遇的藝術家和持幣觀望但內心焦急的投資人實現有效匹配。他們將幫助買方和賣方設計「愛情買賣」的交易結構，準確高效地做好「紅娘」，並通過經濟學手段提高藝術資源的配置效率。

2013 年的諾貝爾經濟學獎得主：尤金·法馬（Eugene Fama）、羅伯特·席勒（Robert Shiller）

這兩位都是內心狂野但假裝安靜，感情充沛但又極端強調理智的人。尤金·法馬認為人都是理性的，涉及到錢的決策都應該是認真審慎的，而羅伯特·席勒則覺得根本不是這麼回事，所有的金融參與者其實都是些人云亦云的糊塗蛋。從學術的角度看，法馬與席勒兩人的意見很多場合都是相互矛盾的，衝突幾乎不可調和。但在我的江湖實踐裏，他們倆的意見卻可以完美統一。我的很多操作，都是基於他們對資產價值衡量與量化交易建模的理論而做出的。

影視行業的「江湖」屬性決定了其絕不會是一個「純理性」的市場。但這個行業賺錢的「科學標準」也很明確，真正的「好片子」總是能賺錢的。但如果想要長久發展，那就要進行風險對沖設計，提升投資收益的效率。

2016 年的諾貝爾經濟學獎得主：奧利弗・哈特 (Oliver Hart)

他幫我指出了解決問題的方向，提醒我一定要有強而有力的法律顧問團隊，並且絕不能因為自己花了高昂的律師費就過度信賴合同的完整性與有效性。因為這世界上的風險並不僅是「人心隔肚皮」，即便真是無話不談的「親兄熱弟」也無法預計未來具體會發生的所有細枝末節，那也就無法有人寫下真正可以防範一切道德風險的合同。

要繼續在這種「江湖」生存，我就必須學着接受合同的不完整性，必須在鬥爭中學習鬥爭，在合作中學習合作。要不斷通過實踐積累實操經驗，儘量通過交易結構設計將所有已經能預判出來的漏洞都堵上。

這幫得過諾貝爾獎的大佬們給我最大的啟發就是點醒了我，做生意賺錢這種事，雖然的確是可以通過喝大酒來入門，但絕不能只是混酒桌、拉關係、講段子，搞搞江湖把戲就能發展壯大的。想要做長久，就一定要有學術化研究的意識，做長期打算並全情投入。

而且我很快發現，影視娛樂圈的江湖當中很多人並不願意重合同守信譽。風險到來之時，也並不一定會按照合同規定的份額來各自承擔。而在另外的一些時候，即便是大家都願意遵守合約，卻發現現實世界中有很多細枝末節都沒有被寫進合同裏。沒有成文的顯性約定，那就只能繼續用「江湖規矩」這種隱形的、停留在人類潛意識裏面的規則來處理。

但這種實踐也照樣需要一些理論的指導。為了提升自己的投資與管理效率，我也借用了奧斯卡．摩根斯坦（Oskar Morgenstern）、約翰．馮紐曼（John Von Neumann）、諾伯特．維納（Norbert Wiener）、克勞德．香農（Claude Elwood Shannon）以及錢學森等幾位科學家的理論來建立管理與業務模型。利用他們的理論，我在實踐中實現了時間可控，成本可控，成果可控。

如果你也曾了解上述經濟學家以及科學家的理論，那你剛好可以利用我在娛樂圈的多年實踐經驗來溫習自己的理論知識。而如果你壓根不了解上述經濟學家以及科學家的理論，那也沒關係，看完這本書你就懂了。

做電影的都熱愛藝術，我也不例外。所以本書的第一部分，我挑選了一點與電影相關的藝術史。

但從本書第二部分開始，一直到後續的所有章節中，我將着重介紹支持藝術創作的一種重要資源——錢。

「錢」這東西，在電影這個複雜系統工程當中，可以被認定為一種「能量」，但在金融領域一般被稱作「資本」或者「流動性」。行走江湖二十來年，我被江湖人士贈送了一個雅號，叫做「西北搞錢狠人」。這充分證明我對「錢」這種資源的本質，是既有理論基礎又有實踐積累的。

雖然我不是一個學術圈人士，寫了這本書也不能去評職稱，但我一直都對學術圈抱有足夠的尊敬與嚮往，所以你會發現，這本由我這個娛樂圈人士寫成的書幾乎是按照論文的基本規則來完成的，歷史年表（含參考文獻）和詞彙索引等全都附在書後。我保證除了已經標明出處的引用之外，所有內容都是我的原創，而且作為一個擁有幾十億喜劇片票房的製片人，我保證你能夠在閱讀的過程中獲得會心的微笑。

我寫這本書，除了希望給大家帶來快樂，還希望能夠將自己真實的藝術理想與自己信仰的投資理論進行結合以及總結，並通過這本書向大家介紹一下實現理想所離不開的「錢」究竟該從何處來，該往何處去，如何管好錢，以及如何讓錢成長起來，變成更多的錢。

因為只有把用來實現理想的錢變成更多的錢，才能實現更多的理想。

一 用經濟學的視角看影視圈

01
娛樂圈裏蘊藏的全是金融知識

1. 搞懂娛樂八卦後的你會更懂金融投資

在華爾街承認的所有「另類投資」類型裏面，「電影」這個投資門類不僅參與交易的主體很分散，連生產要素（factors of production）都很分散，而且整個行業並沒有統一的標準化操作流程與通用的估值方法，是特別具代表性的「江湖化另類投資」。

在「江湖」的環境下做投資，肯定需要財力與勇氣，還需要一些經驗與運氣。但我認為更重要的恐怕是需要不斷提升自己的經濟學理論與金融學知識儲備。

如果簡單照搬「廟堂金融學」的原理，那麼編劇、導演、演員以及資金這些好像都只是電影工業的「生產要素」。但按照「江湖」的規矩，他們所有人都只是在和你有交易協議（transaction agreement）的時候才是你的「同事」，而在其他的時間段內，他們都只能是你的「好兄弟」或者「好姐妹」。

雖然江湖上都說「兄弟姐妹別談錢，談錢傷感情」，但如果你不好好「談錢」，很有可能連「朋友」都做不成。而在娛樂圈裏的所有人，由於原本就有各自不同的利益考量，自然就會有很多的利益衝突（conflict of interest，COI）。

這就讓各種泛娛樂的投資全都不可避免地充滿了「江湖氣息」。

在所有的泛娛樂投資當中，電影這種「工業化娛樂產品」及其關聯產業鏈所需的資金量是最大的，而業務內容也恰恰可以涵蓋「江湖」中的各個方向，堪稱是各種「另類投資」的「大集合」。

而我就是電影這個領域的專業投資人。

但在金融投資領域，如果你想說自己「專業」，那除了有成績之外還必須講清楚自己的「投資策略（investment strategy）」。

大部分人的投資策略其實都只是「低買高賣」，從別人手裏低價採購一些資產，然後爭取高於原價賣出去。按照華爾街的分類法，這種投資策略被簡單地稱作「做多（long）」。

如果你在股市、債市和匯市這幾類「公開市場（open market）」利用「做多」為投資策略進行投資，你做的就是「傳統投資（conventional investment）」或者「常規投資」。

可如果你不想這麼「傳統」，想要突破「常規」使用其他投資策略，那無論你的交易環境是否是「公開市場」，你都又進入了「另類投資」的範疇。

你可千萬別告訴我你的投資策略是跟「實際控制人 (actual controller)」或者政府監管層喝大酒，打聽只有「內部人 (insider)」才能知道的「消息」，然後再利用完全不公平的「信息不對稱 (asymmetric information)」來盈利。這種操作叫「內幕交易 (insider trading)」，是違法的。你要是特別擅長搞「內幕交易」，那充其量也只能算是一種「江湖門道」，而不能是一種「投資策略」。

我們日常所聽到的「天使投資 (angle capital)」，PE、VC、資金募集、投資決策、投後管理、IPO、借殼上市、併購重組、套現退出這些金融名詞，其實全都對應有不同的投資策略。但按照江湖規矩，搞上述這些事情時全都離不開的所謂「資金募集」，其實就是「找錢」，而所謂的「投資決策」就是研究一下要不要「砸錢」，而聽着很高級的「投後管理」其實就是「管錢」，而「套現退出」就是江湖上所說的「要錢」。

「募、投、管、退」這一切過程結合起來之後再加上「投資策略」，就是江湖人士所稱的「搞錢」。

我的親身經歷告訴我，娛樂圈裏的這點事兒，其實和專業投資基金的日常運作沒有任何區別。

當娛樂圈中的某個大佬挖掘出一些「純新人」，向他們提供資金和「江湖影響力」，協助他們發展壯大的時候，一般被稱作「捧明星」。但在金融領域裏這其實應該被稱作「針對初創企業的天使投資」。如果這位大佬非常精於此道，他就可以成立一個自己作為「普通合夥人（GP）」的「風險投資基金（VC）」，然後找幾個 LP 一起幹。

在金融投資領域，LP 的含義並不是指「老婆」，而是指「其他的大佬」，學術名稱叫做「有限合夥人」。如果你恰巧認識很多的大佬，那你就已經算是有半條腿踏入江湖的「圈內人」了。

這麼多大佬混在一起，如果在「純新人」之外還搞了一些「小花」與「小草」，在大部分人都還沒有意識到「花花草草」的價值之前就一起成了「江湖好夥伴」，那這群大佬在「股權投資（equity investment）」之後，就獲得了分享「花紅」的權利。

等到「小花」「小草」流量狂漲、人氣爆棚的時候，他們就變成了「鮮肉」，身價也必然「水漲船高」。這時擔任 GP 的大佬就可以使用「估值方法」將這些「花紅權」的金融價值計算出來，進行「撇脂定價（price skimming）」，然後以此為參照系進行「估值調整（valuation adjustment）」，轉手賣掉「花花草草」的份額來盈利。這個「銷售價格」與「會計在賬本裏計算出來的收益」

之間的比例關係就叫做「市淨率（price to book ratio）」。

從抽象的角度看，這一大群大佬其實已經等於是一個私募股權基金（PE）。那些「花紅權」就等於是未上市公司的股票。而當這些公司首次公開發行 IPO，就等於「花花草草」們有了「市盈率」，就可以在公開的股票二級市場（secondary market）套現推出。

但大部分娛樂圈「新人」的結果其實都是「混不出來」，而大部分的初創企業的結果其實也都是「破產倒閉」。所以這種 VC—PE—IPO 的投資過程會非常漫長且崎嶇，需要有更完善的投資策略才行。

如果你真的是一個大佬，但卻在「砸錢」環節將所有的錢都砸在了「一棵小草」或者「一家公司」，那肯定是不行的。專業的大佬都得在不同方向上多投一些，讓總量上的成功去覆蓋局部的失敗。雖然大部分的「小花」和「小草」都根本無法成為「大女主」或「小鮮肉」，但只要你能培養出一個「真正的明星」，你照樣可以實現比較體面的「投資回報率（rate of return，ROR）」。

所以你如果要「投公司」就得多投幾家，而「捧明星」就得多培養一些「新人」。但投資的越多，對應發生的綜合成本也會越高。而基於「投資收益 = 投資收入−投資成本」這個簡單公式，如果大佬不想變成「散財童子」的話，肯定得懂一些「當代投資組合理論（modern portfolio theory，MPT）」，讓「其他的大佬」與不同類型的「接盤俠」來一起分擔風險。

俗話說的好，「人無千日好，花無百日紅」，殘酷的「娛樂圈」裏經常會出現資產價值的波動，那些採購了「小鮮肉」的上市公司也時不時會發生「商譽減值（goodwill impairment）」。

但「波動」和「減值」都未必是壞事。

如果你是一個華爾街上的專業投資人，當你判斷某種金融資產將要「跌價」的時候，你可以先把不屬於你的資產「借回來」，以低於市價的「折扣價格」賣掉，然後等待對應的資產價格跌落之時，將「借來」的資產按照已經跌落後的新價格「買回來」。

雖然這種行為在江湖上一般被稱作「空手套白狼」，但如果你是在紐約證券交易所（NYSE）的話，這就叫做「空頭（short position）」，而你幹的事情其實就是「單向做空」。按照不同司法管轄區的細分規則，單向做空這個行為在一些市場當中可能並不被允許。但如果你能夠實現「牆內的窟窿牆外補」，能夠在娛樂圈跌宕起伏的名聲、流量、各種榜單與各種番位大戰和各種「貴圈亂象」當中找到對應的關聯性，進而提升投資回報率的話，那按照華爾街的規矩你就是在做「對沖（hedging）」。

不考慮資金規模的話，你在這時已經可以號稱自己與金融大鱷喬治．索羅斯（George Soros）是同行了。你們都是在做對沖基金（hedge fund）。

其實你仔細想一下的話，娛樂圈裏買狗仔、傳閒話、挖緋聞、亂丟「引戰宣言」的日常亂象，確實和索羅斯幹的事情是差不多的，全都是企圖通過引導公眾情緒來使某個「特殊利益群體（special interests group）」獲益。而電影圈非常喜歡相互發送的《電影項目說明書》，其實就是金融行業的「融資路演文件」。至於娛樂圈狗仔隊每天都在幹的「蹲八卦」的行為，其實也可以看作是企圖使用「重大非公開信息（material nonpublic information）」來影響市場收益。

如果你將「貴圈」裏每一個具體的影視娛樂項目抽象出來，它們其實全都可以被看作不同的微型經濟體（micro economy）。而當你更進一步觀察這些經濟體的全生命週期時，你就會發現所有的影視娛樂項目其實都可以抽象成天使輪、A 輪、B 輪、Pre-IPO 以及 IPO 等不同階段，也存在着權益投資、夾層投資（mezzanine investment）、信用債（debenture）、資產信託（trust）之類的華爾街人士常用的金融詞彙。

電影項目最初的狀態就是製片人使用自有資金獲取處於初創期的電影項目權益，自己給自己做「天使輪融資」。然後自己雇傭「自己」為「製片人」，這等於是個「創業企業高管」，並以創始合夥人身份募集後續資金雇傭自己和其他主創。

這抽象來看等於是「A 輪融資」，而各個部門的首長和演員們，就是「創業團隊」。

等到影片開機拍攝，演員和明星們紛紛到場表演，有視頻素材可以向投資方展示的時候，就等於是「初創企業」有了業績表現，可以做「B 輪融資」了。

這些後續到來的投資者一般都需要以一個更高的價格，才可以參與影片投資，抽象來看，這依然是在給企業做「估值調整」。

而隨着影片製作的推進，「業績 (financials)」與「商業模式 (business model)」就會越來越清晰，那就可以 C 輪、D 輪之類的一直做下去。而影片最後其實也是要做「首次公開放映 (initial public opening)」，這就等於是金融界搞了一個「initial public offering」，即「IPO」。

要是這樣去思考影視娛樂產業，那娛樂圈裏「名利場」的這個生意其實和金融投資大佬們做的事情是差不多的，日常業務中對應的其實也是「募、投、管、退」這四個方向的所有功課。娛樂圈同樣也是先募集資源，然後搞投資決策，把錢砸出去，做投後管理，幫助創業團隊查漏補缺，以實現對投資風險的有效管控，讓創業團隊做出業務成績，然後套現退出，落袋為安。

所以我覺得「江湖搞錢」和華爾街上的「對沖基金」在原理上其實是沒有任何差別的。

2. 任何專業投資都有「募、投、管、退」四個步驟

電影如果只是藝術，那有優秀的藝術家就足夠了。我熱愛藝術，有很多各種類型的藝術家朋友，還經常一起「聊藝術」。但「電影投資」肯定也是一門生意，不談錢絕對不行。

其實我心裏很清楚，電影藝術家們根本沒人想和我「聊藝術」。他們需要我做的事情就是趕快砸錢打款。可我剛入行的時候也曾囊中羞澀，不能打款的時候為了繼續維持關係，只能不斷地請藝術家們吃飯唱歌喝大酒，並在大家酒足飯飽之後掏錢買單。

跟支持藝術創作相比，陪藝術家社交其實並不太費錢。現金流寬裕了，就迅速打款，把藝術創作都交給藝術家！

但在經歷了若干次「資產減值」之後，我開始意識到「藝術」的評價標準其實是見仁見智的。藝術史上很多偉大作品都未必能被所有人理解，而藝術家們拿來考核自己的 KPI 更是「看心情」。

所以當你給「藝術」這個詞上面加了個 ROR 之後，那事情

一下子就變得複雜了。

「投資回報率」這個詞是伴隨着現代金融行業的產生才出現的，是一個硬邦邦的「數據」，不能隨便解釋。

沒有現代工業，就不可能有現代金融業。而沒有現代金融業，那現代工業也肯定很難發展。專業化的「金融投資行為」必須隨着工業化大生產一起發展變化。

而專業投資行為的第一步，就是要學會「募資」或「融資」。「融資」在江湖上一般被稱作「找錢」，但你千萬不要覺得只有「窮人」才需要去「找錢」，「富人」根本不需要「融資」。

「富人」想改善生活，買個勞斯萊斯、法拉利，那確實可以憑藉個人的「積累」來完成。但如果「富人」除了吃喝玩樂之外還想要搞個「大事」，那照樣也得先學會「融資」。

如果你要做一個專業的電影投資人，你必須首先承認電影也是一種現代工業。而在電影這種特殊的資金密集型產業面前，誰也不要假裝自己是一個可以「有錢任性」的「富人」。這就需要你用工業生產與金融投資的邏輯再看一遍「拍電影」這個生意。

電影「製作成本」的本質，其實就是今天科技企業要做的「原型機研發（prototype development）」。而電影拍攝完成後產生的第一個「定版母拷貝（locked master copy）」，就是電影藝術的「原件」。基於「原件」，就可以用工業方法大量複製拷貝（copy），完成快速的「批量生產（mass production）」。那麼，就肯定得有能夠匹配這種「社會化大生產」的管理制度與金融方法論。

在這兩個方面，電影行業其實一直都遠遠領先於其他工業與產業門類。

所謂的「職業經理人制度」，從電影藝術誕生之日起就已經建立了。

在電影行業內，財產權與管理權，所有權與運營權，從最一開始就是分離的。只是由於最初的電影製片人們定下了個「只幹不說」的好傳統，導致很多人並沒有意識到這個事實。

最近幾年，資本主義世界遇到了不少挫折，於是西方的經濟學家掀起了一個關於究竟是該相信「股東資本主義（shareholder capitalism）」還是「利益關聯方資本主義（stakeholder capitalism）」的大爭論。希望重新研討一下企業投資及運營過程中的「目的論」與「結果論」。

但針對這個問題的探索其實在電影行業也很早就出現了。

「股東（shareholder）」這個概念其實很簡單，可以直接理解成是「提供資本的人」。所有「出資拍電影」的人都可以是電影的股東。

但「利益關聯方（stakeholder）」就比較複雜，除了出資人之外還包括管理層、客戶、供應商、員工等等與企業利益相關聯的人。在電影圈裏肯定還必須要包括任何與明星有直接或間接關係的利益相關方，以及那些雖然與明星沒有直接利益關係，但卻有能力製造並主導輿情事件的善意及非善意第三方。當然還包括心懷不悅的前男友、吃裏扒外的經濟人、即將要離婚的正房，以及很想上位的小三。

在中國電影界，如果明星私德有虧，導致「利益關聯方」不滿意，那結果肯定都是「股東」遭殃。

最近時常在資本市場上出現的「大股東控股」、「實際控制人（actual controller）」、「內部人控制（insider control）」之間的對抗性事件，歸根結底其實就是一個究竟誰「說了算」的問題。但如果用娛樂圈的「江湖語言」來描述，那就是一個爭當「話事人」的小問題，在全球的電影行業裏很早之前就出現了。

但在中國的影視市場，由於產業化的時間還相對較短，導致這個問題本身的烈度與其所連帶出現的不良後果都很嚴重。很多知名的影視項目的實際控制權根本不掌握在佔有最大股權的投資方手裏。而如果去查合約，那這些大投資方肯定都擁有法律意義上的決定性的話語權。

但他們就是說了不算數，全都不是「話事人」。

這種現狀背後的原因與解決方案，其實也都不複雜。

從「第七藝術」這個詞出現之後，大部分電影都是通過股權融資（equity financing）的方式來完成融資。而電影行業其實早就劃分出了 A 、 B 兩種股份，早早開始搞「同股不同權」。

行業外的投資人想參與優秀電影項目的投資，一開始都只能購買普通股，成為股權投資人（equity investor）。而另外一群經歷了江湖洗禮後幸存下來的投資老兵和電影內部人士才能持有實際意義上的優先股（preferred stock），並可以行使超越投資份額的投票權，實現小股東獨佔重大事項決策權。

持有優先股的股東還可以使用預售與預結款、抵押借款、結算順位排次（waterfall）等多種套期保值（hedging）方式將自己變成進可攻退可守的夾層投資（mezzanine investment）。

在荷里活，當監管還沒有像今天這麼嚴格的時候，他們甚至可以自己搞「量化寬鬆（QE）」來緩解流動性不足。很多橫行荷里活的大怪獸們都敢於按照 100% 份額的 N 倍為標準來「超額銷售」股份，然後再通過做空（short）自己的影片，讓股權投資人在風中凌亂，而自己則洗走大家的血汗錢並套現離場。

即便到了監管體系相對健全的今天，荷里活的電影公司依然可以經常性且公開地將性質完全不同的多個風險項目捆綁打包，將藝術資產信託化，搞成藝術類 CDO（collateralized debt obligation，擔保債務憑證），成倍放大自己的資金效能。

當投資款進入荷里活的產業鏈之後，他們還有多種針對資金流的管控手段，可以在監管層和客戶的眼皮底下使用各種衍生工具，反覆將現款和現貨變成期貨與期權，在合同允許的範圍內最大限度使用財務創新，以保證自己的資金安全。

國內房地產行業在即將進入疲軟期之前，曾經集體學習華爾街搞 REITs（real estate investment trust，房地產信託基金）。這個方法會將具體的不動產項目打包之後進行資產證券化，然後引入社會資金以「份額」的形式持有 REITs 的「股份」，大大降低了參與房地產投資的資金門檻。但投資 REITs 的投資人其實並不直接持有打包後的不動產，而只是獲得了對應投資份額的收益權。而與 REITs 關聯的地產商，則通過與對應的基金管理方合作來獲得流動性。

但這個融資招數，荷里活在幾十年前就已經搞得非常熟練。他們會將影片的收益權進行資產證券化，變成 SFPs（slate financing packages，多片融資項目包），以進行不同影片之間的全球拉通分賬。這樣一搞，製片方就可以在不損失影片版權的情況下，獲得低成本資金，而全世界的投資人，都可以通過金融渠道參與荷里活電影的投資。

但如果你不懂西海岸的荷里活會計方法論，那這種 SFPs 的投資回報率就始終是個迷。我曾經多次應國內投資人的邀請，去幫他們做「損益結算」。在經歷了「江湖查賬」之後總是能找到不少之前「根本不存在」於財務報表當中的利潤分成。

但這並不妨礙荷里活將 SFPs 按次序銷售給德國、中東、日本、東歐以及韓國。並在二十多年前就進入大中華地區，按順序持續收割中國的投資人。

所以荷里活的「製片廠」們其實一直都有兩個「廠區」。

一個「廠區」在西海岸陽光明媚的洛杉磯，那裏有一座小山丘叫做芒特李山（Mount Lee），始終沐浴在陽光下，山頂上有九個白色的英文字母廣告牌，每個牌子高度大約十四米，放在一起就拼出了 Hollywood 這個詞，而山腳下則匯聚了一大群藝術家。他們放飛自我，特立獨行，我思故我在。我們可以將這個廠區稱作「西廠」。

而另外一個「廠區」則設在紐約市的曼哈頓島上，被統一叫做華爾街（Wall Street）。那裏不光有紐約證券交易所（NYSE）和納斯達克交易所（Nasdaq），還匯集了人類歷史上最早的一堆摩天大樓，這些樓裏塞滿了精明的生意人。在那個地方，資本永不休眠。我們可以將這個廠區稱作「東廠」。

「西廠」與「東廠」彼此分工嚴密，相互依存又通過專業化的業務知識而相互隔離。「東廠」負責「募資」與「投資」，而「西廠」負責「投後管理」。這些專業知識、行業規則、管理經驗與商業秘密疊加在一起，就變成了「錦衣衛」，讓華爾街與荷里活之間能夠不斷地「套現退出」。

一百多年發展下來，荷里活已經高度專業化，很多「製片人」都逐漸脫離人格化，變成了團隊作戰。而很多「製片人」的崗位職責也變成細碎而具體的專業崗位的集合。能夠橫貫「東廠」、「西廠」和「錦衣衛」所有業務的具體「個人」已經不太多了。

但中國的情況不一樣，我們有幸趕上了一個全行業飛速發展的時代。

中國電影行業還沒有來得及分開東西兩個廠區，就已經做成了全球第一大院線市場。而中國的電視劇與網絡劇集的產量與播放量，更是絕對性地領先全球。在當代中國「闖蕩江湖」的製片人如果不想被「江湖」淘汰，又不想損失業務運行的完整性，就必須同時掌握全部的職業技能。

我就有幸是其中之一。

在本書後續的全部章節當中，我將會從融資找錢開始分享，「募、投、管、退」全覆蓋，一直講到在娛樂圈裏實現風險結構的對沖設計。

無論你是否已經具備了搞「對沖基金」的金融知識，都請你放下成見，重新審視「名利場」裏的各種八卦。

你會驚奇地發現，當你搞懂了娛樂圈的那點事兒之後，你就會徹底愛上金融投資。

3. 不懂金融，偉大的藝術家也未必能賺錢

文藝圈裏的很多工種如果要追根溯源，其實都和一個叫林布蘭·哈爾門松·凡·萊恩（Rembrandt Harmenszoon van Rijn）的人有關係。這人在我小學和中學的美術課本中出現過很多次，是個已經被載入藝術史的毫無爭議的「藝術大師」。

所有學美術的人，肯定都要先學他的作品；影視圈的燈光師們在講燈光的時候，也喜歡拿他舉例子；攝影師們講構圖的時候，喜歡講他；造型師講妝髮的時候，喜歡講他；甚至連導演和演員講表演與調度的時候，依然喜歡講他。

現在輪到我來講「搞錢」了，那我也先拿他開個場。

林布蘭1606年（時值中國明朝萬曆三十四年）時出生於荷蘭的一個普通家庭。我姑且將他稱作「阿蘭」。

這孩子家裏沒人搞過藝術。阿蘭爹是磨麵粉的，阿蘭娘則負責烤麵包。沒有人會知道，阿蘭將來居然能通過搞藝術來賺錢養家。

同樣是在明萬曆三十四年，一個米脂小伙子出生在了中國

的陝西，他叫李自成，小的時候可能也被人稱做「小李子」。小李子的左鄰右舍也都不知道他在未來會成為一個軍事指揮家和稅務改革專家。

阿蘭和小李子更不可能知道，他們的命運已經被國際貿易連接在了一起。

善於航海的荷蘭在那個時候已經幾乎成了東西方貿易的核心節點，並受到了大明帝國的熱情接待。中國的絲綢、瓷器以及各種藝術品，大量匯聚於荷蘭。而在日本，荷蘭更是被指定為除了傳統儒家文化圈之外罕見的「對外貿易特許經營方」。在美國人用大炮和黑船撞開日本國門之前，日本人甚至將所有與歐洲有關的事情都統一稱作「蘭學」。「蘭」就是「荷蘭」的「蘭」。

等小李子成為「李闖王」的時候，中國人發明的火藥已在歐洲大行其道。用馬克思的話說，就是將那裏的「騎士階層徹底炸了個粉碎」。

長大後的小李子，不僅騎馬射箭的技術精湛，還深受老百姓愛戴，以至於沒見過他的人都喊出了「迎闖王，盼闖王，闖王來了不納糧」的口號。

但他們沒有預判到，闖王居然遇到了來自異域的熱兵器襲擊。大明陸軍作戰使用的不再是老祖宗們傳下來的鳥槍、火銃和老土炮，而是全新進口的恐怖兵器，叫做「紅夷大炮」。

而「紅夷」二字，指的就是林布蘭和他的老鄉 —— 遠在亞歐大陸另一端的「荷蘭人」。

與之前藝術家作畫喜歡使用大平光不同，阿蘭作畫的時候特別喜歡展示光源方向、表現光照強度與陰影的關係。他的畫明暗對比明顯，有一種特別的質感，深受大家喜歡。

因為藝術水平高，當時的很多富人都以能讓林布蘭給自己畫張肖像畫為榮。於是阿蘭成立了「林布蘭人像工作室」，將搞「單人像」和「全家福」定為創業方向。有了人物，有了構圖，有了光線，如果再有一架攝影機的話，林布蘭能成為電影攝影行業的祖師爺。

今天如果從電影鏡頭設計的角度去看林布蘭的人像作品，會發現從景別上看基本都是中景、近景和特寫，很少有全景，而涵蓋人物與環境關係的大全景更是罕見。

阿蘭並不是沒本事畫大全景，而是客觀條件不允許。畫大全景既費工又費料，客戶們不願意掏這筆錢。

如果整體地去看全世界的藝術史，就會意識到阿蘭之所以能「賣畫」，和他沒錢搞「大全景」的原因，其實都與藝術無關。

從荷蘭十七世紀大搞全球貿易開始，尼德蘭及周邊的地區就出現了大量富庶的國際貿易商人。這些商人為了提升生活質量，紛紛為自己定製藝術品。荷蘭出現大量不依靠教會和封建領主貴族支持的民間藝術家，他們堅持給平民富戶畫像，並直接把作品賣給客商。生活在阿姆斯特丹的林布蘭就是這個時代的弄潮兒。

而與西方同行們喜歡搞「固定機位」和「單一焦點」不同，這一時期的中國古代藝術家們早就已經將「大全景」這個景別運用得出神入化，經常讓焦點位置在同一畫面內發生數次變換，用一張畫描繪「千里江山」是非常普遍的事情。

如果把歷史書再朝前翻一翻，就會發現中國的藝術家不僅很早就掌握了「大全景」，還很早就掌握了讓攝影機在運動中進行創作的方法，妥妥的古法「斯坦尼康（Steadicam）」。比如南唐時期的寫實風格古畫《韓熙載夜宴圖》（顧閎中繪），畫面描繪的是一千多年前中國的一次唱歌跳舞喝大酒的「轟趴（home party）」，是一個移動機位的「超級大全景」，故事感十足。

其實「大全景」這個景別，文藝復興後的歐洲畫家們也很早就有人搞過了。

生活在十五世紀（大約在中國明朝弘治年間）的意大利畫家達文西（Leonardo da Vinci），有一幅著名作品叫《最後的晚餐》（*The Last Supper*）。那就是一個「固定機位大全景」。這幅畫被他畫在一個教堂的牆上，從 1494 年一直畫到 1498 年，整整畫了四年。描述的場景內容是耶穌基督升天前與十二門徒的最後一次師徒聚會。

達文西是藝術大師，林布蘭也是藝術大師，為甚麼達文西能搞大全景而林布蘭不行？

因為兩位大師的「經濟基礎」和「商業模式」不一樣。達文西並不為平民服務，他的雇主都是大教堂和王公貴族。這些人不僅有錢，還擁有不可估量的社會權力。但阿蘭服務的對象卻是普通富戶。他做的生意是給通過國際貿易發家的闊佬們畫肖像，放到今天的話，其實有點像「人像攝影工作室」。但阿蘭畢竟是大師，雖然沒有得到教會與貴族的垂青，但憑着不錯的藝術修養把生意搞得風生水起。

阿蘭一開始也確實賺了不少錢。但他畢竟是藝術家，始終想通過創作來證明自己。1642 年（明崇禎十五年），阿蘭搞大全景和大製作的機會來了。

阿姆斯特丹城裏的義務巡警隊長帶着自己的一大隊「治安志願者」找到林布蘭想定製一張「全家福」。要做這個生意，阿蘭需要大量的畫布、畫框、顏料、畫筆和巨型的工作台。按照經濟學的原理，阿蘭這就是要擴大產能了。

但阿蘭沒錢，他必須想辦法「融資」。

阿蘭畫人像能賺錢這件事，令阿姆斯丹城裏的人都羨慕已久。但「搞藝術」的門檻很高，並不是誰都能賺這個錢。既然這次的訂單讓林布蘭遇上了「供應鏈金融（supply chain finance）」的問題，那阿姆斯特丹城裏產業鏈上下游的供應商就全都看到了「投資藝術」的機會！民間借貸商、畫布商、木匠、造筆師、礦老闆全都覺得自己擠進「藝術產業鏈」和藝術家一起賺錢的機會來了。有錢的出錢，沒錢的決定以賒賬的形式入股。這等於是在明朝的時候就出現了一套「可換股債券（convertible bond）」，隨時準備逆向操作「債轉股」。

可阿蘭是個純藝術大師，根本沒搞清楚這幫傢伙雖然嘴上說「入股」，但其實還是要「保本保收益」，名義上是「入股」，實際上是「放債」。按照今天的標準，這是妥妥的「明股實債」。

元氣滿滿的阿蘭為了完成劃時代的藝術創作，賒購了大量畫布，定製了巨型木頭畫框和工作台，更換了全新的勞動工具。這個時候化學顏料都還沒有出現，林布蘭只能買點礦石自己磨成粉兌上松節油作為色彩原料。礦老闆們很開心，投資藝術嘛，各種礦物顏料放量供應！松節油更是結結實實給準備了幾大盆。

「生產要素」到位後，林布蘭將大畫布繃到大畫框上，搞了一個超大的取景框。是時候展示真正的技術了！

但阿蘭不想重複達文西的構圖方式。

達文西畫《最後的晚餐》時，是讓耶穌基督與十二使徒坐成一排。雖然繪畫過程中使用的是「焦點透視」和「固定機位」，但每個人物的尺寸其實都差不多。長江後浪推前浪，林布蘭作為後浪，必須讓自己的構圖與達文西不一樣！

於是阿蘭在「焦點透視」和「固定機位」創作中還額外加上了「演員調度」，一鼓作氣創作了一張帶人物與環境關係的大全景。

這張畫中的每個人物都有自己的走位和具體任務。因為是焦點透視，所以有的站在前景就顯得很高大，而有的站在後景就顯得比較細小；有的站在高光中間顯得神采奕奕；有的站在陰影裏只能面無表情。為了確保畫面裏故事的完整性，阿蘭甚至加進去了幾個不屬於巡警隊的「群眾演員」作為背景。

有故事，有人物，有燈光，有畫面，有人下單，有人出錢，這等於林布蘭一個人把編劇、導演、攝影師還有製片人的活兒全做了。

巡警隊出征前的一個瞬間被林布蘭凝固成了一幅高度接近四米、寬度接近五米的巨幅油畫。這尺寸放在今天的油畫裏也絕對屬於巨幅作品。

那飽滿的畫面質感從今天電影的角度看，也是個偉大的大師鏡頭。

但林布蘭的客戶們卻完全不買賬！

因為義務巡警隊的隊員們是平均出資支付了油畫創作費的。換位思考一下，我都能感受到林布蘭客戶心中的憤怒：明明每個人出的錢數都差不多，但是獲得的「藝術關注」卻並不相同。用今天的話說，「嚴重傷害了消費者的感情」，消費者感受到了「歧視性待遇」。

畫在高亮部分焦點裏的人肯定開心了，可在虛焦和陰影裏的人必然會很生氣。而且那幾個「群眾演員」根本都沒出錢，你把他們畫進畫面裏是啥意思？

荷蘭的治安志願者們拒絕付費。新的客人聽說這事兒也不敢下訂單了。林布蘭的「影樓」出現了產品積壓，「企業」內的「進、銷、存管理」全線崩潰，現金流徹底斷裂，很快就破產了。

破產後的林布蘭，在死之前都沒有給這幅作品正式定名。而且這幅畫命運特別慘，經歷過戰爭、火災、水災，被損毀多次，也被裁剪多次。直到林布蘭百年之後才被後人所珍視，又被送去搶救及修復多次，並由百年之後的收藏者起名叫做《夜巡》（*De Nachtwacht*，1642）。

被裁切了不知多少回之後，這幅畫的原件尺寸剩下了363cm × 437cm，如果把《蒙娜麗莎》（*Mona Lisa*，1517）的尺寸拿來比一下，就知道它有多大了。《蒙娜麗莎》實際畫面尺寸只有不到一米見方，而林布蘭的《夜巡》殘存到今天的畫布面積也比它大了至少十二倍。可想而知，當年《夜巡》剛畫好時的完整版本，會是多麼的震撼人心。

林布蘭雖然創業失敗了，但還是被寫進了人類美術史，成了人類共同的藝術大師。

可這位大師當年的各類「明股實債」的投資人全都投資失敗，也根本沒有甚麼人願意去記住他們的姓名。據說在臨死前，林布蘭大師還有原材料供應商的欠賬未結清。當年投資的小老闆們，雖然投了「明股實債」，但最終卻連打折銷售「可換股債券」的機會都沒有。

02
金融新理論的發展離不開文藝圈

1. 「打小抄」的藝術家就會吸引「喝大酒」的投資人

1653 年（中國明朝永曆七年），林布蘭家鄉的另外一個年輕人也跑出來創業了。這人名叫約翰尼斯．維梅爾（Johannes Vermeer），姑且稱作「小梅」。

小梅家的經濟狀況比阿蘭要好一些，但祖上也沒有人搞藝術，他基本是靠自學。小梅的老爹是個跨境貿易商人，做點倒買倒賣的生意，主要的經營範圍和文藝圈沾點邊，銷售帶圖案的絲綢與緞面。

為甚麼是跨境貿易？

因為明朝的時候，荷蘭人雖然學會了造大炮，但還沒有學會養蠶，就更別提搞絲綢紡織了。

可能是繼承了老爹的商業基因，小梅做買賣絕對是一把好手，二十歲就繼承了老爹的「國際貿易公司」，在搞「跨境支付」的同時堅持美術創作。由於藝術水平高，客戶服務也搞得好，三十歲的時候小梅已經是當時非常有名的聖路加藝術公會（Guild of St. Luke）的會長，並連任四屆，直至去世。

請注意，小梅當會長的這個組織，叫做「公會（guild)」而不是「工會（union)」或「貿易協會（trade association)」。結合當時的時代特點，按照經濟學的分類，幾乎可以確定是一個特定行業的成員組織的利益保護及行業自律組織。

「公會」與「工會」雖然讀起來完全一樣，但內涵卻非常不同。現代資本主義國家的「工會」，主要是代表普通勞動者，利用團結的力量（power of solidarity），使用集體談判權（collective bargaining）來爭取工人權益。我們從小生活在社會主義國家的人，可能感受不到其中的辛苦，但如果沒忘記歷史課本中的「二七慘案」和「上海工人糾察隊」，就肯定能感受到那種澎湃的力量。

現在的荷里活，編劇有工會，叫做 WGA。導演有工會，叫做 DGA。演員有工會，叫做 SAG-AFTRA。其他崗位的工作人員也有工會，叫做 IATSE。他們全都受到 AFL-CIO，即「美國勞工聯合會—產業工會聯合會（簡稱勞聯—產聯)」的指導、幫助與支持。

而「貿易協會」主要是由企業出資組成的商業利益維護組

織，通過行業自律（self-discipline）和遊說活動（lobbing）來維護會員單位共同利益。比如在荷里活電影預告片裏經常出現的 MPAA（美國電影協會），就是由美國最大的幾家電影公司共同組建的「貿易協會組織」。

與「工會」和「貿易協會」不同，「公會」這個概念比較複雜。

在古代，「公會」的主要作用是維護企業主利益，限制從業資格，保守行業秘密，進行職業技能培訓，並且控制產能，以保證產品價格穩定。由於古代還沒有出現機器化大生產，「小企業主」本身也是自雇傭的勞動者，所以古代的公會也會承擔一部分現代工會保障勞動者權益的功能。

社會化大生產和勞動分工發展到了現代，一些小企業主成了大資本家，而另一些小企業主則變成了勞工階層。那麼原本由小企業主組成的公會很自然地就要發生進化。比如我所在的 PGA（美國製片人公會），其實並不怎麼保護製片人的個人利益，而是已經變成了一個代表行業能力與行業責任感的榮譽組織。

如果你在劇組當個小工，感覺自己被製片人欺負了，IATSE 工會馬上會跳出來與製片人交涉。你當編劇雖然沒有被欺負，但是你想漲工資，那你所在的 WGA 編劇工會也可以隔三差五組織個「荷里活編劇大罷工」。但如果你是在劇組當製片人的時候被人欺負了，那 PGA 是絕對不會替你出頭的，你想爭取權益，全都得靠你自己。

可是當其他工會代表勞動者 (labor side) 想要搞談判搞罷工的時候，PGA 就得要代表資本方站出來大聲疾呼，幫助兩邊達成共識。而當資本方 (capital side) 想要肆意妄為，減損勞動者權益時，PGA 又要跑出來，身體力行地保護勞動者這一方。

維梅爾生活在舊社會，所以他當年所在的公會肯定是一個「封建行會」。那個公會在商人之子小梅的領導下，肯定搞了「價格同盟」、「市場保護」以及「技術壟斷」，讓小梅有了穩定的「可預期收入」。

所有的藝術家在收入穩定之後，都很自然地想要搞點創新。

在小梅以前的藝術家，想要畫一張油畫，必須先觀察，然後打草稿、素描、構圖，才能正式畫。

那時候繪畫的過程是行業秘密，用甚麼筆、用甚麼顏料也是行業機密，連工藝流程順序和質檢 QC 方法也都是保密的。想讓大家來觀察創作行為，現場搞「行為藝術」？封建行會根本不會允許。

但小梅的訂單多了，就迫切需要改進生產流程，藉助科學技術來確保產品質量水平的一致性。他們想到的方法，是藉助一種來自中國的神秘科技——「小孔成像」。

中國人早在春秋戰國時期就已經發明了小孔成像技術，約在公元前 480 年到公元前 389 年之間，被當時的知識分子廣泛掌握。

生活在春秋末至戰國初期的墨子，在自己的著作《墨經》裏非常明確地寫下了一句「景到，在午有端，與景長，說在端」，完整解釋了小孔成像、焦點、倒影與成像屏之間的實驗原理。

歐洲人到了維梅爾的時代，應該也早就掌握了小孔成像原理。而由於這一階段的光學技術有了進一步的提升，大家開始思考小孔成像技術的實用功能。

其實對於維梅爾這個水平的藝術家來說，把人像畫寫實根本不難，但由於繪畫過程的特殊性，瞬間的光影效果不一定能把握好，畢竟人眼不是照相機，隨着你繪畫的過程，太陽位置發生變化，光照環境就會變化。這就像今天的電腦特效 VFX，做個尺寸準確的數字模型並不難，但直接放進影片的光照環境中馬上就會露餡。

小梅是個畫家，並不是木匠、珠寶商或者玻璃匠人。所以我推測小梅應該是找了幾個技術合夥人，製造了一套複雜的成像裝置，直接讓被畫人物的投影打在自己的取景框裏，自己坐在成像屏前面，可以直接描圖。

這個方法基本上和今天有些美院的學生為了快點交作業，

用投影機將照片打在牆上直接勾線的原理差不多。按照美術學院的考試標準，往重了說這是在作弊「搞抄襲」，往輕了說也得算是「打小抄」！

小梅使用了新技術之後，生產效率（productivity）肯定是顯著提高了，不同批次之間的「產品質量一致性」也完全沒問題，長成啥樣絕對就能畫成啥樣！

這套新技術引起了一個名叫皮特．範．瑞文（Pieter van Ruijven）的商人的注意，他出巨資買斷了小梅那之後的所有作品，成了小梅的經紀人。

如果從今天的商業邏輯來看，這個經紀人其實就是小梅產品的總經銷商。維梅爾後期的不少作品當中，都能看到這位贊助人直接出鏡。在小梅留下的畫面中，這位皮特先生不是正在舉杯狂飲，就是在酒後翩翩起舞，每天都在「喝大酒」。

不要覺得喝大酒是不務正業，這老兄完成「資本原始積累」時做的是啤酒銷售，喝大酒確實就是他工作的一部分。在喝大酒的過程中，他也建立了商品銷售網絡，搞定了現金流轉與資金循環。

小梅「創業成功」，成了大師維梅爾。投資人皮特．範．瑞文也「創投成功」，名垂青史。而他們使用的這個小孔成像，就是電影攝影機的最基本原理。

所以從某種意義上來說，維梅爾也可以算是攝影行業的祖師爺。

維梅爾留下來的作品很多，其中有一幅名叫《畫意私情》（*Girl with a Pearl Earring*，1665），裏面的女孩與首飾都栩栩如生。因為太過著名，還被導演彼得·韋伯（Peter Webber）在2003年拍成了電影，由施嘉莉·祖安遜（Scarlet Johansson）扮演維梅爾筆下的少女。

可能是擔心泄漏了小孔成像技術的秘密會讓大家失去對維梅爾大師的崇拜，電影裏並沒有介紹這種特殊創作方法。但我覺得編劇和導演都多慮了，科學技術從來不是限定藝術家水平的尺子，藝術是用作品的影響力說話的。很多著名的電影畫面，震撼人心的重要原因都是因為出現了型號更先進的攝影機，或者燈光設備發生了重要革新。從來沒聽說過哪個攝影師會把「換了新機器」這事藏着掖着。

維梅爾永遠都是大師。有了「高科技」而他又「買得起」，那為甚麼不用呢？

2001年，英國終於有個藝術家決定站出來揭開這個秘密。當代藝術大師、英國國寶藝術家大衛·霍克尼（David Hockney）寫了一本書，叫《隱秘的知識》（*Secret Knowledge*，2001），徹底公開了維梅爾和其他歐洲畫家都在使用的這種工作方法。

小梅是聖路加藝術公會會長，與他同屬一個公會的藝術家裏好幾個人都在使用同樣的「作弊」技術。一個人作弊還不夠，居然還組團打小抄，妥妥的作弊狂魔啊。但這其實就是他們公會的「技術壁壘」。

我小時候總是困惑為甚麼明朝時的很多西方油畫都是單點透視，畫得那麼像照相機？而同一時期的中國藝術家，在同一幅畫裏卻可以有好幾個焦點。

有人告訴我，是因為「西方繪畫寫實，東方繪畫寫意」。但我覺得這句話根本講不通，中國古代很多的畫作也都很寫實。等「小孔成像加描圖」被大衛．霍克尼承認了之後，我了然了，原來這是一個保密了好幾百年的「技術謊言」。

如果讓我總結一下維梅爾大師的投資人皮特．範．瑞文的成功經驗。他第一是能喝大酒，第二是懂藝術，第三是懂技術，第四肯定是能遵守行會的作弊紀律。

但如果你從金融投資的角度抽象地看，維梅爾的打小抄肯定是一種「技術革新」，而皮特．範．瑞文的喝大酒，其實就是在整合「生產要素」。

2. 舞美師搞定「產業引導基金」之後發了大財

第一次工業革命之後，新的技術與新的經濟模式一直都是藝術發展的重要推動力，很多原先的創作規律，都被新的科技給打破了。但其實「打破常規」也是一種「常規」，是一種經濟學規律裏的「常規」。這種新的常規一般被稱作「技術創新」。

1764 年（中國時值清乾隆二十九年），詹姆士・哈格里夫斯（James Hargreaves）發明了珍妮紡紗機（spinning jenny），一下了讓紡紗效率提升了幾十倍。這項技術被他自己在 1768 年申請為專利。一年後，埃德蒙・卡特賴特（Edmund Cartwright）發明了水力織布機，讓織布效率可以比肩紡紗的速度。英國投資人聞風而動，A 輪融資、B 輪融資、C 輪、D 輪、E 輪、F 輪、G 輪連着給搞了好幾輪融資。

這倆人都創業成功，成了著名企業家。而紡織行業則整體進入了機器時代，生產效率得到提升。按照最基本的經濟學原理，社會平均生產力（average labor productivity）提升，對應產品價格就會下降。於是所有紡織品的價格都大幅降低。這其中就包括油畫用的均質亞麻布。

與此同時，工業革命和經濟學原理讓油畫顏料也變便宜了，藝術家們不用自己砸石頭磨粉攪和松節油，可以直接買化學顏料了。這就讓更多普通老百姓可以接觸藝術並擁有藝術品。而藝術家們創業的熱情更是高漲，更多的藝術家成了小企業主。

機器紡織有一個重要的特點，就是可以實現產品質量的一致性。同一批次的合格畫布質地一定是相同的。捲軸式紡織機的機械結構則決定了當捲軸的幅款不變時，同樣寬度的畫布在理論上的長度可以無限制延伸。只要將同樣質地的畫布不斷進行拼接，就可以出現巨幅的畫布，畫出巨幅油畫。

工業革命之前，如果藝術家想創作一張超大幅的油畫作品，他只能畫在牆上。但從嚴格意義上說那就成了「壁畫」。但工業革命改變了這一切，顏料、畫布與木質畫框全都發生了質的飛躍。工業革命讓各種技術都開始進步，社會平均生產力水平也跟着發生了巨大變化。

油畫藝術又要裂變了。

1805 年，巨幅油畫已經在法國流行起來。法國皇帝拿破崙・波拿巴（Napoléon Bonaparte）委託畫家雅克－路易・大衛（Jacques-Louis David）創作了布面油畫《拿破崙一世加冕大典》（*Le Sacre de Napoléon*，1807）。畫面景別是一個超級大全景，內容是一年前在盧浮宮發生的拿破崙登基稱帝時的現場復原。這張畫若改成電影可能要花不少錢，因為場景極其恢弘，道具細節非常複雜，人物數量也異常的多，而且光影變化非常豐富。藝術家將裏面的所有細節都展示得絲毫不差，而整張畫的畫幅尺寸也達到了驚人的十米見方（979 × 629 CM）。比達文西的《蒙娜麗莎》的尺寸（77 × 53 CM）至少大了一百五十多倍。如果允許我用今天的邏輯去看這個畫幅變大的現象，那大衛先生想搞巨幅油畫來震撼人心的這個想法，其實是與 IMAX 和中國巨幕的創新思路是差不多的。

達文西與雅克－路易・大衛，都是偉大的藝術家，但他倆除了會搞藝術，搞「融資（Financing）」的本事也都非常強悍。達文西與當時歐洲大陸上的超級富豪美第奇家族（Medici family）關係非同一般，獲得了該家族提供的大量藝術贊助款。這個贊助款的規模大到達文西幾乎可以研究任何他自己想研究的事情，除了繪畫之外還包括無機化學、人體解剖、基礎物理學等諸多領域，甚至包括設計直升飛機。

而雅克－路易・大衛則有非常強的社會敏感性，他本身就是法國雅各賓派的活動家。他是法國革命領袖馬克西米連・羅伯斯庇爾（Maximilien Robespierre）的私人密友，曾經創作過重要的雅各賓派題材油畫《馬拉之死》（*The Death of Marat*，1793）。拿破崙崛起後，他又迅速支持拿破崙恢復帝制，獲得了用油畫定格重要歷史瞬間的皇室訂單。

《拿破崙一世加冕大典》這個尺寸的油畫只能是皇家定製，一般富戶的房子裏面根本擺不下。哪怕是把畫布破壞性地從畫框上拆下後像地毯一樣捲起來，「畫捲」的直徑也很難穿過老百姓家的門框。由於科學技術的進步，油畫顏料的色彩效果在這個時候已經非常穩定。這幅畫被複製下來以縮小的尺寸出現在各種美術書籍裏，但原作目前還非常安全地掛在巴黎的盧浮宮。畫面依然栩栩如生，和兩百多年前剛畫好時相比基本沒有色差。

城頭變幻大王旗，拿破崙很快下台了，法蘭西又變回了共和國。大量的貴族和富商被送上了斷頭台，剩下的藝術贊助人能夠供養的藝術家數量有限，所以很多新藝術家迫切需要來自普通老百姓的資金。於是在新的法蘭西共和國裏，藝術的主要消費者成了老百姓。讀書、買畫、看戲都是他們日常文化娛樂生活的主要內容。大家都沒意識到一個叫路易·達蓋爾（Louis-Jacques-Mandé Daguerre）的舞台美術師很快要改變人類藝術的走向。

達蓋爾平時主要負責在劇院畫舞台背景並製作戲劇道具，天天被劇團老闆折磨。舞台佈景繪畫費時費力且工作量巨大，這讓他迫切需要找到一種高效完成繪畫的方法。工業革命的各項技術都讓他非常癡迷，達蓋爾和合夥人開始實驗化學顯影定型技術與光學成像技術。堅持若干年，終於在 1837 年修成了正果，他發明了「達蓋爾銀鹽照相顯影技術（daguerreotype）」，創立了現代意義上的攝影技術。

你要是親身經歷過銀鹽照相的全過程，你就會知道古法攝影真的很辛苦，要靠此發家致富，非得累死不可。所以達蓋爾並沒有繼續一個人幹，他找到了一個合夥人一起「搞錢」。而且他們沒打算「搞小錢」，他們要「搞大錢」。當時的法國誰最有錢？法國政府！

1839 年，法蘭西中央政府利用財政稅銀和國有企業的收入，採用分期付款的方式與達蓋爾達成了「產業引導」協議。只要達蓋爾和合夥人還活着，政府每年都要向其支付一萬法郎的巨額技術使用費，而這當中可以讓達蓋爾裝進自己口袋的錢每年都有六千法郎，另外四千歸他的合夥人支配。合同簽署之後，照相術就不再是「專利」，而是成為了「公有技術」，允許全人類免費使用。

由此不難判斷出，達蓋爾不僅僅懂美術，還懂化學、光學與商業管理。而更重要的事情是，他居然還會「搞錢」！無論他的那位夥伴最初是以何種方式入股，使用何種方式說服了法國政府，他的 ROR 肯定都衝上雲霄了，而且居然是用法國政府的「產業引導基金」實現「套現退出」的！

但從今天的角度看，法國政府這筆錢花得其實非常值。而且如果這種技術被採購之後是交給大家付費使用，那麼這就是主權財富基金（sovereign wealth fund，SWF）投資影視娛樂行業的成功範例。但那時的法國政府也沒打算「賺小錢」，而是將照相術免費提供給全人類使用。在那之後，全世界各地的影樓如雨後春筍一樣出現。

影樓的藝術家們不再直接為客戶畫像，而是轉型操作攝影機，並繪畫客戶身後的佈景幕布和給拍攝好的黑白照片加上彩色，進行「古法色彩修正（color grading）」。

因為工業革命的推動，他們的作品除了可以直接銷售給客戶之外，還可以銷售給報紙和雜誌。他們還可以把拍好的照片放進小盒子裏做成「西洋鏡（peep show）」來放映，搞「單次收費觀賞（pay-per-view）」，成為小企業主。

西洋鏡的本質就是看圖說話，觀眾通過一個觀察孔看向暗箱內部，裏面有幾幅手繪圖畫，還有幾張上色之後的黑白照片。這種商業模式傳到中國後又被藝人們進行了跨界改造，土洋結合，還給西洋鏡配上了現場伴奏，配着圖唱鼓子詞。這就是「拉洋片」，是中國傳統曲藝的一個門類。

但到了 1895 年，達蓋爾開創的技術流派又要變了。這一年，在法國巴黎開照相館的盧米埃兄弟（Lumière Brothers）家裏的縫紉機被人踩壞了。在修理縫紉機的時候，哥倆獲得了靈感，發明了機械式的照片連續放映機，並在一個咖啡館裏放映了自己拍攝的驚悚風格紀錄片《火車進站》（*L'arrivée d'un train à La Ciotat*， 1896），但盈利模式依然是賣咖啡。

雖然這種新產品的競爭力很強，但卻未必能和拉洋片對抗。拉洋片屬於曲藝行業，這個「江湖」高手如林，很多藝人都巧舌如簧，更有不少狠角色。如果你現場感受過相聲表演，你就會知道曲藝家們給消費者的感官刺激與娛樂享受並不亞於電影。可無論藝人的水平有多高，拉洋片的商業模式都無法擴展了。

簡單地說，拉洋片很難擴大生產規模，也幾乎不需要為了擴大產能而融資。受觀察孔數量的限制，拉洋片一次最多也只能兩三個人看。但電影不一樣，每次放映都可以讓成百上千人一起買票，擁有巨大的規模優勢，邊際成本（marginal cost）會快速遞減。

於是盧米埃兄弟抓緊「擴股增資」，咖啡館很快就被擴展成了電影院。商業模式也變了，「買咖啡的時候免費看電影」很快變成了「買票專門看電影。」而電影攝影隊也很快就變成了「電影製片廠」。

但是觀看沒聲音的電影總是會讓人覺得怪怪的，於是電影藝術家們邀請了音樂家參與進來，在放映場所配上了鋼琴和琴師，現場彈琴，現場給電影配音樂。

相比較起來，無論拉洋片的藝人技巧多麼高超，產業規模都無法擴大，商業模式不行，慢慢也就消失了。而盧米埃兄弟倆很快就進行了融資，擴大了再生產，並讓產品與服務快速進行迭代，成了「行業獨角獸」。從純藝術的標準來看，這兄弟倆的文藝水平恐怕是見仁見智。畢竟藝術標準是個非常主觀的事情。

但從金融投資的標準上看，這哥倆賺了大錢肯定是沒有爭議的。

而從商業標準來看，這哥倆毫無疑問是製片人兼導演兼攝影師，同時還兼任院線經理。

哥倆賺錢了，自然而然就想要賺更多的錢。在工業生產的邏輯中，如果產品過硬就要快速擴大生產，如果有更加優秀的商業模式就要快速擴大規模。這兩樣需要想辦法「融資」。

3. 二流詩人憑藉二手金融知識成了大製片人

為了實現理想而募集資金的行為其實可以有兩個稱呼，一種叫做「融資」，而另外一種叫做「化緣（donation seeking）」。這兩個類型一般是不能混着來的。有清晰的商業模式，並且大概率能夠實現商業目標的，才能叫做融資。而講不清楚商業模式或者根本就沒有商業目標的，那就只能叫做化緣。

但影視娛樂圈卻有一種特殊的資金募集方式，我將其稱為「化緣式融資（patronage financing）」。這種方式的主要操作手法是在募集資金（fundraising）的過程中強調影視娛樂內容中的藝術屬性，而將商業模式、投資回報率這些事情全都一筆帶過。

這種手法能夠奏效，還得感謝製片人屆的「祖師爺」李喬托．卡努多（Ricciotto Canudo）。他憑藉過硬的金融實踐能力，將 1895 年才第一次出現的「電影」這種集體勞動產品給搞了個文藝圈編制——「第七藝術」。

但其實電影最開始的番位要比第七更靠前。

1911 年 10 月 25 日，一位意大利詩人發表了一份《第六藝術宣言》（The Birth of the Sixth Art），宣稱電影是整合了時間與空間的藝術，是匯合了平面與立體的藝術，是結合了科學技術與人類勞動的藝術，所以應該被歸類為人類的「第六藝術」。這位詩人的名字，就叫李喬托．卡努多。

在這之前，藝術是有「編制」的，種類有限。歐洲人曾經認為只有五種東西是藝術，到了 19 世紀時，哲學家黑格爾為藝術做了個排序，從第一到第五，分別是建築、雕塑、繪畫、音樂、詩歌五大門類。

在古代歐洲，有專門的藝術贊助人（patron）負責供養這五大門類之內的藝術家。只要進入了正宗藝術家的「編制」，就基本不用去考慮賺錢。而贊助人其實是個抽象概念，外延的範圍很廣泛，可以是官方機構，可以是教會，可以是貴族或者富商，也可以是藝術家的親屬。

古代中國的狀況也差不多。除了富商和貴族的支持，寺廟和宗族門閥也都有贊助藝術的習慣。在全國層面，歷朝歷代也都設立有專門的機構贊助藝術。歷史書裏經常提到的樂府、畫院、造辦處、昇平署，都是幹這個的。

而中國古代還有不少官員自己就是詩人、音樂家、建築師或畫家。他們除了藝術水準卓越，還有很高的朝廷品級，完全可以直接用領到的俸祿來贊助自己。李白自己就是六品官，放到今天屬於「縣處級」；白居易是三品官，在今天大概等於「地廳級」；而蘇東坡是吏部尚書，級別超過一品大員，放到今天至少是「省部級」的大領導。他們搞藝術，肯定都是「自籌資金」。

中國古代甚至有皇帝親自上場當藝術家的。唐明皇和宋徽宗都是自己披掛上陣，一個組樂隊搞演出，一個玩創作弄畫展。需要用錢？內廷府庫支付。至於建築藝術那更不用說了，中國最著名的建築，非長城莫屬。誰是長城的總建築師？秦始皇帝。錢從哪兒來？直接從帝國的國庫裏拿！

無論古代的中國還是歐洲，藝術贊助人出錢，只是純粹為了支持藝術，沒有誰是來搞投資的。

所以卡努多讓電影獲封「第六藝術」的寶座之後輿論界立刻譁然。不在「編制」裏的藝術家們紛紛表示不服。舞蹈藝術家更是感到異常費解，畢竟舞蹈是伴隨人類社會一同產生的，歷史悠久而且成績斐然。如果突然要擴充「編制」增加一個「第六藝術」的話，無論如何也應該是舞蹈藝術吧？

文藝圈吵架，稍不注意就會變成「人身攻擊」，而各方藝術家吵了半天之後，也紛紛開始質疑卡努多的詩人身份。你說你是詩人？那哪首知名的詩歌是你寫的？

而世界各國的藝術理論家們也都坐不住了，紛紛詢問這種新分類方法的科學邏輯究竟是甚麼？更有人認為電影這種東西完全就是在向觀眾展示工業製成品的複製件，到處賣 COPY 。連「原件」都沒有的東西怎麼能算是藝術？他們強烈要求取消電影在藝術圈的座位。

可那時候已經用科技武裝起來的電影人們，本身都是各藝術門類的精英，大家好不容易團結起來共同創業，萬萬不能允許自己的藝術家身份被質疑。詩人卡努多坐着火車去了法國巴黎，發誓要討個說法。

那時，巴黎早已是時尚之都。花花世界，夜生活無比精彩。

卡努多每天跑去不同的劇院看演出，在見識了舞蹈藝術的非凡魅力後，他非常堅定地向全世界宣稱，舞蹈才是真正的「第六藝術」。電影順延，排第七。卡努多很快又發表了一份《第七藝術宣言》(Reflection on the Seventh Art，1923)，以不同語言在全世界各地印刷發行，讓「第七藝術」成為了電影的同義詞。

這位詩人在巴黎除了看戲，還結識了大量舞台藝術投資人，並將這群人的資金逐步引領到電影製作領域。他非常清楚地知道那時的舞蹈藝術主要是依託於劇場表演，和電影的商業模式基本是一樣的，都是「必須買票才能進場的娛樂消費」。

他將這些人進行了橫向整合，變成了電影的投資人。雖然可能會失去一些「虛名」，但換來的卻是「真金白銀」。娛樂圈裏的「初代投融資顧問」，誕生了。

從 1911 年的「第六藝術」到 1923 年的「第七藝術」，卡努多在娛樂圈與高淨值個人之間整整當了十一年的古法財務顧問(financial advisor，FA)，在幫助「項目找錢」的同時也幫助「錢找項目」，但他卻始終沒在自己的著作裏提過任何一句跟「錢」有關的事！

一個在詩歌領域沒甚麼代表作品的「詩人」，居然可以利用信息不對稱，在完全不討論投資回報率的情況下，全憑「聊藝術」就完成了資金募集，搞成了電影，而且自己還憑藉文藝評論做到了千古留名，卡努多是不是應該歸類為最早期的「知名製片人」？

二 | 學會募資！搞投資並不一定非得是自己有錢

01 搞投資與搞藝術，都要先分清「責、權、名、利」

1. 下海之前，複習幾條江湖常識

誰都知道影視娛樂行業是個名利場，但很少有人注意到其實金融投資領域也要分清「名利」。

而任何涉及到「搞錢」的領域其實都應該認真分清「責任、權利、名氣與利潤」。簡單總結一下就是「責、權、名、利」。

電影最初是個舶來品，沿着國際貿易的路線，從西方傳到了東方，而跟隨電影一起遠涉重洋的，也包括學術意義上的「現代金融投資學」。

作為舶來品，電影的很多專業術語都是直接使用西洋文字的音譯，比如演員通常叫做「卡斯（cast）」，拍攝用的存儲介質叫做「菲林（film）」，發行用的存儲介質叫做「拷貝（copy）」，而特技演員用的鋼絲繩叫做「威亞（wire）」，至於動畫電影則直接就叫做「卡通（cartoon）」。

中國古代其實也有「銀行與傳統金融行業」，分別叫做「錢莊」、「票號」、「當舖」與「鏢局」，因此詞彙翻譯可以「遵循古法」，全用古代詞彙，聽起來就貌似沒那麼複雜了。

你如果喜歡看古代武俠小說，就會知道上面那四個「古代金融機構」其實都是「江湖」的重要組成部分。

而當你聽到電影行業當中的「commission（提成）」其實被金融從業人員稱作「抽水」，「liquidation（清盤）」在交易所裏叫做「割肉」，「Ponzi scheme（龐氏騙局）」也被專業投資人士稱作「割韭菜」的時候，你肯定能感受到一股「江湖氣息」撲面而來。

作為一個「金融投資老江湖」，我的經驗告訴我，任何「現代金融詞彙」在進行跨文化轉換的時候都不只是個簡單的翻譯問題。詞彙使用的不同，往往代表着思維邏輯中的一些差異。金融投資行業是這樣，而娛樂圈更是這樣。

作為一個「娛樂圈老江湖」，我已經做了很久的商業電影製片人（feature film producer），也已經在很多國家的「江湖」裏都賺過錢。在這個過程中我和中國、美國、韓國、日本以及亞洲、歐洲、南美洲、非洲的其他很多國家和地區的同行們都認真合作過，非常充分地感受過這種「相同」中蘊含的「不同」。

在電影行業，觀眾是經濟學意義上的消費者（consumer）。如果消費者想要享受不同國家電影的成片，過程其實都差不多。哪怕是語言不通也沒關係，無非是聽配音還是盯字幕的區別。

電影的製片人（producer）就是經濟學意義上的生產者（producer）。雖然在中文裏是兩個完全不同的詞，但在英文當中，都被叫做 producer。如果想要在不同國家生產出電影的成片，或者想要把電影當作一門生意來做，那就必然需要學習不同國家的經營管理理念。而國家不同，傳統不同，生產流程與管理控制的方法論也就千差萬別。

如果認真閱讀古代戲劇史，會發現在西洋話劇東來之前，亞洲各國的傳統戲劇當中其實是沒有「專職導演」這個崗位的。古代戲劇史上的關漢卿、馬致遠、湯顯祖這些「戲劇家」，其實都相當於今天的「編劇」而不是「導演」。

與今天的戲劇類似，在舊時的戲班子裏，也有服裝、化妝、音樂、美術等四樑八柱。古代已經有「專業演員」這個專門的勞動分工，他們一般會被稱作「伶人」，而其中的「戲劇名伶」就被稱作「角兒」。伶人需要按照「生旦淨末丑」等行當進行崗位細分；而大角兒則不光要負責自己的唱腔與身段，還要負責傳、幫、帶，進行「行業培訓」。作為一種商業門類，戲班子如果能進入「內廷侍奉」，就能獲得「政府資助」。但這種事情並不會每天都發生，日常的自負盈虧還是得依靠專門負責運營與管理的

「班主」。

所以現代意義上「導演（director）」的崗位職責，在古代其實是由前述所有人員共同合作來完成的，而這個合作的過程就叫做「攢戲」。

閱讀清末以前的中國戲曲史，可以經常在書裏發現負責戲劇文學的戲劇家們，也可以找到「富連成」這樣的演員培訓班，以及各種大班主和大角兒，卻幾乎看不到導演這個專門崗位的代表人物。究其原因，還是因為在古代中國的文藝圈是沒有「專業投資人」這一說的，那「責、權、名、利」自然是混雜在一起的。

等到了清朝末年，東西方文化與科技交流變得更加頻繁，進而推動生產力不斷進步，導致藝術圈的社會勞動分工要開始變化了。誕生於歐洲的「話劇」開始伴隨着國際貿易東渡而來，並很快受到觀眾的歡迎。在這種新的藝術形式裏，演員的構成與傳統的「生旦淨末丑」完全不同。

話劇剛剛傳入中國的時候，一般被稱作「文明戲」。那時候的話劇演員以受過新式教育的學校學生為主，所以也就不可能有「科班出身」這一說。大家如果要攢戲，那很自然的是「師兄帶師弟」。而話劇劇本的翻譯、寫作與編排方式，都與傳統戲曲的邏輯不一樣，這就在話劇行業當中催生了「舞台導演（stage director）」這個更加細分的專業崗位。

宣統皇帝遜位之後，大清國政府裏除了軍政大權之外的所有組織結構全都崩潰了。禮崩樂壞的同時，各種戲班子能獲得的政府資金也都隨之消失了。為了能繼續攢戲，無論是戲班子還是文明戲都必須去找金主。這個崗位用金融行業的語言來描述那就是「投資人 (investor)」。

當「導演」以及「製片人」這倆新概念都出現了之後，就意味着古代文藝圈裏的攢戲已經出現了更加細緻的勞動分工，代表着梨園行已經可以實現「責、權、名、利」的分離。

不妨以電影業發達的香港為例。

在九七香港回歸之前，由於港英政府要求電影必須使用作為官方語言的英文，所以港產的中文電影幾乎都被配上了中英文雙語字幕。觀察香港電影的雙語字幕就會發現，編劇、導演、演員、攝影、美術、聲音等創作崗位，責權清晰，崗位名稱也都標註得很清楚，對應的英文翻譯也很容易看懂。可是當看到「出品人」、「總出品人」、「總製片人」、「製片人」、「行政製片人」、「總策劃」、「策劃」、「文學策劃」、「監製」、「行政監製」、「總監製」以及「藝術監製」和「藝術總監」的時候，很多人就未必知道他們都分別負責哪些工作了。而且如果留意一下這些崗位名稱對應的英文翻譯，那更是千奇百怪，讓人摸不到頭腦。

但在荷里活電影的整體邏輯裏，這些人其實全都叫「製片人」，英文署名全是各種 producer。

雖然「導演」的英文一般都是 director。但當你把 director 這個詞翻譯成漢字，卻未必是「導演」。在股權投資領域，這個詞一般被翻譯做「董事」。而在娛樂圈，這個詞也並不一定是「導演」。

在面對 director 這個崗位時，日韓經常使用「監督」這個詞。我和韓國及日本的電影人有非常密切的合作，在長期的製片實踐中我發現，雖然中、日、韓三國同屬漢字文化圈，但中國的「導演」和日本韓國的「監督」在「責、權、名、利」方面完全不同。

看到中國漢字的「導演」這個詞，望文生義，很容易覺得這是一個「指導演員完成表演」的藝術創作崗位。但如果看到日本與韓國所用的「監督」這個詞，就會感到撲面而來的「權力意味」。

日韓都用古漢語，而「監」與「督」這兩個漢字在古漢語中的最初含義，都與「軍事指揮權」充分關聯。「監」是「監察」與「監軍」的意思，而「督」，則是「督辦」和「督查」的意思。這個整體邏輯如果被放到十九世紀末二十世紀初剛剛出現電影時的日本與韓國，那就是「統領」附帶「督戰隊」。

當我把「監督」這兩個字放在現代金融投資的語境中時，總會不由自主地想起公司治理中的「董、監、高（director, supervisor and c-officers）」。而日韓電影裏的「監 + 督」的權力範圍頗有點「董事長兼任 CEO（chief executive officer，首席執行官）」的感覺。

在現代企業的經營管理中，如果初創企業想要大量融資，最快速的方式是尋找股東進行「股權投資」。而同樣的道理，如果導演想要快速實現藝術理想，最好的方法也是找很多投資方進行「財務投資」。在英文當中，這兩個詞其實都叫 equity investment。

按照現代企業管理的傳統，「資金」一般都是要與「授權」成對出現。提供資金的股東一般都會組成股東會，並邀請一些在對應業務領域「比較懂事兒」的人組成董事會。並且通過董事會向 CEO 進行授權，並讓 CEO 接受監督與質詢。在「懂事兒」的這群人裏「最懂事的首長」，會被任命為「董事長」。這是一個代表董事會決定大政方針並監督 CEO 工作的崗位。

但「監督（導演）」這個詞的構詞方式，很明顯是要同一人同時行使兩個崗位的職責，那就等於是自己向自己授權，當「董事長兼任 CEO」。在這種情況下，兩個崗位必然就在同一個人身上合併了，而擔任這個複合崗位的具體的人的權利就可以實現最大化。

在投資行業內這是個很簡單的經管常識，當「董事長兼任CEO」的時候，大家就都明白這人權力很大，不僅可以力排眾議，甚至可以「有錢任性」。

但如果在文藝圈裏提到「董事長兼任CEO」的時候，很快就會有無聊的人說這叫「導演中心制」，並開始講前蘇聯電影的興衰。

不知道是不是冷戰思維和簡單二元論在作祟，當「導演中心制」被歸類給了前蘇聯之後，就有另外一群無聊的人把「製片人中心制」歸類給美國電影。

第一群人認為前蘇聯在導演中心制結構下，導演是影片藝術與財務權力的最高決定者，聲稱在蘇聯體系中的導演負責整體製片管理，而導演不想管的小事兒，例如訂盒飯和租酒店，才會被交給製片人來完成。所以在他們認為的蘇聯體系下，導演其實就是「沙皇」，而製片人則是個高配版本的「打雜的」。

而第二群人則認為既然荷里活的地理位置是在美國，那麼他們理解中的荷里活必然是要踐行資本主義私有制的。所以他們覺得「荷里活製片人」才是影片所有權力的最高執行者，在面對藝術家的時候擁有不受制約的超級霸權。在這群人的主觀臆斷裏，荷里活製片人作為資本方權力的具體代表，是指導導演工作的幕後導演，在他們想像出來的荷里活體制下，導演反而成了高配版本的「打工人」。

製片人與導演原本只是勞動分工上的區別。但上述兩種中心制理論的擁躉們卻總想把兩個崗位的差異變成階層上的區別、階級上的差別，甚至是意識形態上的區別。

我是一個前蘇聯電影的觀眾，是馬克思主義經濟學的信徒，但我同時也是荷里活 PGA 的公會製片人，在華爾街有自己的對沖基金，也關注最新的西方經濟學理論。

在我看來，「導演中心制」與「製片人中心制」這兩個理論都是「扯淡」。

從經濟學的角度看，蘇聯電影是前蘇聯計劃經濟的一部分。在那個體系中，電影的生產與消費都是由統購統銷來完成的。前蘇聯的電影製片廠是文化事業單位，根本不是自負盈虧的商業企業。如果你曾經經歷過蘇聯時代並參觀過真正的有若干個車間的工廠，你就會知道在計劃經濟的工業生產邏輯裏面，蘇聯式的導演和製片主任都只能算是「核心技術員」與「管理會計」，連「車間主任」都算不上，電影製片廠裏的廠長和書記才是真正的「製片人」。

我是 PGA 的製片人，所以我肯定應該算是所謂的「荷里活製片人」。但當我聽到很多人云亦云的二手消息當中所描述的所謂荷里活製片人中心制當中的「絕對權力」之時，我都感到不可思議。我認為那些傳言對所謂的「荷里活的絕對權力」肯定是理解錯了。

在自由派市場經濟的荷里活體系內，電影投資與管理確實一直在強調「絕對權利」。但荷里活所說的「絕對權力」其實都應該指的是「影片版權與收益權」，而不是「創作的自主權」。本質上還是資本主義體系內對於私有財產權的一種確認。荷里活根本不會因為財產權的神聖不可侵犯就去干涉藝術創作的自主權，而如果荷里活製片人的工作就只是「有錢任性」，那這個工作也太好幹了。

產生「製片人中心」還是「導演中心」的這種疑問，肯定是因為大家沒有搞清楚藝術創作與藝術經營管理之間的關係，將製片人與導演的工作範圍混為了一談。

在我看來，全世界市場經濟的範圍內，最符合普通人猜測的導演中心制的最極致的表現形式恐怕出現在黑澤明（Kurosawa Akira）時代的日本。在那個時代，日本電影導演們群星燦爛，那時的日本電影作品也在全球電影市場大放異彩。

至於黑澤導演本人，則被全行業共同稱作「電影的天皇」。「責、權、名、利」的集中度居然可以達到「皇權」的級別，那在實際操作中肯定是充滿了戲劇性的。

有一本關於黑澤明導演的傳記作品叫做《等雲到》(野上照代著，吳菲譯，上海人民出版社，2010)，曾被奉為導演中心制的「聖經」。這本書的作者野上照代（Nogami Teruyo）女士是黑澤明的製片經理。她在書裏描述了她自己曾經親身經歷的黑澤導演拍攝電影時的一個工作片段：

在一個有大量工人與演員忙忙碌碌的拍片現場，天氣晴朗，萬里無雲。黑澤明導演突然喊「CUT！」，然後讓全組停工喝咖啡。怎麼啦？原來是黑澤明導演對天上的雲有要求，雲不到位他沒法拍。他完全忽略了製片費用正在狂飆的事實，在製片經理們急得直搓手的情況下，他恬靜地飲着咖啡，淡然地等待晴天中緩慢出現雲捲雲舒。

這書名沒騙人，是貨真價實的「等雲到」啊！

我是黑澤導演的超級影迷，對電影敘事結構與電影色彩學的啟蒙，都是來自於他的電影。如果不考慮投資回報率，我真心覺得只有他那樣的藝術家，才配得上「天皇」的稱呼。但我在電影行業內，也是出了名的「鐵算盤」，總是強調「時間可控、成本可控、成果可控」。所以你可能覺得如果我是個日本投資人，遇到「等雲到」的電影項目，我肯定是不敢掏腰包的。

那你就大錯特錯了。

「等雲到」是偶發事件，並不是每天都在發生。

而與黑澤明導演同一時期的很多其他日本導演，其實全都擁有着天皇一樣的權威。

我作為單體的投資人肯定是無法對抗整個社會的普遍經濟學現狀的。

當年的日本電影行業之所以能把導演變成天皇，歸根到底還是因為「生產力發展水平」所限。那時候的日本電影能夠馳騁世界的核心原因，是當年全世界的電影的平均水平都只能被歸類為比較複雜的輕工業甚至是手工業。全球電影行業的社會平均生產力水平都還沒有發展到真正的重工業階段。

我要是生活在當年的日本，那我也只能有兩種選擇。第一種是閉着眼睛把錢打到「天皇」的賬戶上，甚麼問題也不要問，別扯甚麼投後管理。

而第二種就是不投資。

「天皇」不會給我第三種選擇。

2. 「股權戰爭」就是製片人和導演翻臉了

上世紀六十年代末，日本電影投資和票房都在高位運行，完全有資格從「新興市場」逐漸過渡成金融投資領域所說的「發達市場」。而日本的國寶導演黑澤明在這個階段也獲邀參加了由美國人投資的高成本戰爭史詩電影《虎！虎！虎！》（*Tora!*

Tora! Tora!，又譯為《偷襲珍珠港》，1970）。

如果從整個人類電影史的角度看，六十年代的荷里活已經從手工電影和輕工業電影階段進入了重工業電影階段。二戰的發生導致大量歐洲電影人投奔荷里活，跟隨他們一同前往洛杉磯的，還有他們的管理學方法論。

二戰結束時，荷里活已經在人才儲備和製片管理水平方面一騎絕塵。

二戰期間，美國拍攝了大量戰爭新聞片與戰爭宣傳片（war propaganda film），積累了大量軍事題材的製片經驗。而二戰結束後大量老兵的復員與回家，更是將娛樂產品的消費力推到了新的高度。

此時的荷里活電影，已經跟隨着全球貿易的浪潮，將產品銷售到了全世界。而當老兵們與嬰兒潮（baby boomer）的孩子都成為電影觀眾後，二戰的故事自然成了電影題材的大熱門。

在自由競爭的市場中，有「需求」必然會有「供給」，荷里活為了滿足這種觀影需求，很快就做出了「二戰影片三巨頭」。

這三部戲全都是重工業電影。

為首的是由肯．安納金（Ken Annakin）與其他三位導演合作指導的影片《碧血長天》（*The Longest Day*，1962）。該片從盟軍與德軍雙方各自的角度講述了諾曼第登陸當天發生的故事。影片調動了大量真實的軍事裝備和大量人員，堪稱電影史上的佳作，上映後獲得了巨大的票房成功。

接着肯．安納金導演乘勝追擊，繼續執導了反映美國空降部隊與德軍裝甲軍團作戰的影片《坦克大決戰》（*Battle of the Bulge*，1965），該影片同樣使用了貨真價實的坦克裝甲車輛進行拍攝。

觀眾喜歡看甚麼，荷里活就會持續供應，直到觀眾看膩為止。

於是在同一年，沒機會投資安納金導演作品的投資人們轉身去支持了導演岳圖．柏林明加（Otto Preminger），讓他導演了一部反映海軍戰列艦使用大型艦炮相互開火，並輔佐航母艦載機相互攻擊的大型海戰類影片《海上長城》（*In Harm's Way*，1965）。

在引入了更大規模的投資和更高水平的管理之後，這三部影片的藝術水平全都不俗。如果你能有機會在影院觀看這三部電影，就會感受到它們給觀眾的衝擊力並不亞於三十多年之後才被製作出來的戰爭大片《雷霆救兵》（*Saving Private Ryan*，1998，史提芬．史匹堡導演）。

毫無懸念，三部影片在當時的全球市場全都大賺特賺，廣受觀眾歡迎。

荷里活當然不能忽視當時電影市場規模已經躋身世界前列的日本。投資人們決定拉着日本電影人一起製作一款能夠橫掃全球所有市場的彩色影片。當時最能代表日本電影水平的肯定是「電影天皇」黑澤明，而荷里活則派出了埃爾默·威廉姆斯（Elmo Williams）做製片人。

雙方很快坐下來，在親切友好的氛圍中，就共同關心的問題充分交換了意見。

黑澤明導演在得知美方是找他做「偷襲珍珠港」這個題材之後非常興奮。毫不遲疑地親自上陣，欣然提筆，徒手用稿紙和筆寫出來了上千張日文劇本飛頁。這些飛頁被整理、翻譯，並用美式格式打印之後依然鋪滿了四百多張打印紙。

黑澤明導演希望講述的，是一個以山本五十六（Isoroku Yamamoto）個人成長歷程為核心的，探討大歷史背景下個人內心掙扎的故事。但既然是「大時代」，那製作規模就必須比肩《碧血長天》。黑澤導演除了盯劇本，還反覆強調了必須打造幾艘一比一比例的舊日本帝國海軍戰列艦，以及可以飛的艦載戰鬥機，並計劃在影片拍攝過程中全都炸掉。

但黑澤明導演不知道，美方製片人埃爾默·威廉姆斯其實早已和投資人達成另外的共識。

投資人確實是希望《虎！虎！虎！》所達到的製作規模和《碧血長天》一樣，但他們要求的敘事方式也必須和《碧血長天》是一樣的，都是從敵對雙方各自的角度講述各自的經歷，然後將兩方的故事整合起來成為電影的整體敘事。

威廉姆斯明確地告知黑澤明導演，《碧血長天》是四個導演在製片系統中合作完成的，所以在《虎！虎！虎！》這部戲裏黑澤導演也必須與美國導演理查德・弗萊徹（Richard Fleischer）搭班子，用荷里活的製片系統與大家一起分工合作，共同完成影片的製作。

黑澤導演同意了，但他自己心裏也知道，他其實與埃爾默・威廉姆斯之間只是在影片「資金規模」必須要超越《碧血長天》這件最簡單的事情上達成了共識。至於劇情和導演工作方法以及所謂的「整體製片系統」，倆人想的壓根就不是一碼事。而由於那時侯電影行業還沒有開始使用可編程的計算機與互聯網，所以黑澤明導演對於所謂的「系統（system）」這個新詞彙的內涵與外延都一無所知。

黑澤明導演忽略了一件事，美國在這個時代已經完成了胡佛水壩、五角大樓，還完成研發製造原子彈的「曼哈頓工程」，並執行了重建歐洲經濟的「馬歇爾計劃」，以及正在進行當中的「阿波羅登月計劃」。這些計劃全都是巨型的「系統工程（system engineering)」。而埃爾默・威廉姆斯雖然是個新手製片人，但他全程參與的《碧血長天》也同樣是一個巨型系統工程。

美國人此時對「系統」的信心，正處在最爆棚的時候。

但黑澤明導演還是決定先拿下項目再說。

我猜黑澤明導演內心可能琢磨着：埃爾默・威廉姆斯，你想做計劃？想開會，想分工，想受累？那你就做唄！以前的製片人不也都是這樣想麼？亂說一通，最後還不得是導演定江山？只要項目開機，就不可能停下來。開機了之後，製片人還能做些甚麼？只要有導演在，那就沒有拍不完的電影！甚麼製片人與製片權，這不從來都是導演說了算麼？攝影機轉起來的時候，一切都會迎刃而解。難不成你還能自己來做導演的工作嗎？

雙方帶着巨大的誤解，投入到前期籌備中。

天量的資金規模確認後，一個「平行宇宙」被打造了出來。太平洋戰爭時期的飛機、戰艦、軍械、服裝，全都一比一復原。

一切都是貨真價實。

於是，影片開機拍攝了。

黑澤明導演在開機後繼續着自己從前詩情畫意的「等雲到」工作方式。完全沒有意識到，他這次遇到的荷里活製片人埃爾默・威廉姆斯與他之前遇到的所有製片人都不一樣。

很多成功人士都是特立獨行的，這些特立獨行的人們在成功前都要經歷艱辛。在無法獲得社會廣泛支持的情況下，他們往往都需要獨自堅持。所以在成功後，他們大多數人都會因為自己曾經的堅持與不被支持而形成嚴重的「確定性偏差（confirmation bias）」。

在確定性偏差的思維模式下，人只能看到「自己願意看到」的內容，也只相信海量的事實證據當中恰巧能支持自己的那一小部分的事實。

黑澤明導演也不例外。

當他看到埃爾默．威廉姆斯對自己就像之前的那些製片人一樣畢恭畢敬，所以他就認為埃爾默．威廉姆斯在各個方面都和之前的那些製片人是一樣的。他同時也很自然地認為，既然自己一直都享有之前影片在事實上的「製片管理權」，那在這部新的電影裏，自己也就天然地享有製片管理權。

既然都一樣，那自己為甚麼要改變？

黑澤明導演在《虎！虎！虎！》電影拍攝期間的英文翻譯田草川弘（Hiroshi Tasogawa）在 *All the Emperor's Men*: *Kurosawa's Pearl Harbor*（2012，可譯為《天皇班底：黑澤的珍珠港》）一書中詳細記載了他與黑澤導演在開機後前三個星期抒情詩歌一般的拍攝工作。

前期籌備階段多次開會反覆被確認過的製片生產計劃和拍攝方案，全都被黑澤導演拋到了九霄雲外。

他們喝着最烈的酒。

熬着最猛的夜。

燒着最狠的錢。

操練着最敬業的演員。

一切都照舊。

但田草川弘的書裏，也記錄了三個星期之後發生的事情。

三週後，1968 年 12 月 23 日，股權戰爭爆發了。製片人埃爾默·威廉姆斯來到拍攝現場，作為投資人的集體代表叫停了拍攝。

他還當場解除了「董事長兼 CEO」黑澤明的一切職務。

神聖的「皇權」被終止了，「天皇」退位了，黑澤導演收拾行李離組了。

而在黑澤明離組之時，埃爾默·威廉姆斯這個牛年出生、金牛座、五行屬火的製片人居然還給「天皇」做了一個「離任審計」。

財務狀況必然是慘不忍睹，但更要命的是他發現黑澤明導演帶着全組連軸轉，「5+2，白加黑」，晝夜不停搞了三個星期，居然僅僅完成了不到六分鐘的可用素材。

全日本舉國譁然，這種製作規模的電影，拍了一半導演離組怎麼辦？這一定將會是埃爾默・威廉姆斯這個傢伙職業生涯的墓誌銘。等着血本無歸吧！

不好意思！製片人沒那麼傻。

黑澤明導演沒有想到，製片人埃爾默・威廉姆斯之前所講的需要他「融入荷里活的系統，同大家一起分工合作，共同完成影片的製作」並不是一句空話。他們雙方之前反覆開會後多次確認過的生產計劃與拍攝方案，也不僅僅是用來走個過場。雖然黑澤導演自己認為自己是團隊的「首領」而不是「成員」，但在埃爾默・威廉姆斯搭建的整個製片系統內，「導演」的確只是一個「崗位」。

無論這個崗位上的人自己是如何理解的，其權限與能力範圍都已經被系統框定。這就像人類只要還站在地球上，無論主觀上是否承認萬有引力定律，都絲毫不影響地球發揮自己的效能。

黑澤明的導演崗位職責，迅速被交由另外兩名日本導演來完成。

稍作調整後，影片的拍攝工作重新啟動。埃爾默・威廉姆斯正式對外宣佈，黑澤明導演因為「健康原因」無法繼續擔任導演工作。

天底下沒有敞開了砸錢還拍不完的電影，而《虎！虎！

虎！》也絲毫不例外。

追加了天量預算之後，影片順利殺青，結束了日本的拍攝。

但隨之結束的，還有黑澤明導演的國內發展計劃。

沒有任何一家日本電影公司敢再與他合作。

不可思議麼？其實未必。

因為在現代公司治理當中，無論是多麼高級的管理崗位，都是先要獲得授權才能行使權力。哪怕是董事長兼 CEO 也不能例外，照樣需要獲得股東會與董事會的授權。因為股東會代表着企業的所有權，而董事會代表着抽象化的企業經營管理權，而 CEO 則是具體管理行為的執行者。

CEO 的權力是股東會與董事會授予的，那麼當所有權和經營管理權聯合起來，想要通過股權戰爭將已經下發的授權重新收繳回去，並不是很難做到的事情。

這是個現代企業管理的基本常識。

《虎！虎！虎！》是一部荷里活電影，而荷里活使用的恰恰是美國式的現代企業管理體系，何況在荷里活體系內，導演也並不是董事長兼 CEO。

於是在那一通操作之後，美方製片人、美方導演以及新上崗的兩個日本導演徹底接管了製片系統。

所以如果去查詢數據庫，這部電影的導演署名是由三個人共同分享的，排名第一的是美國人理查德‧弗萊徹，第二和第三則分別是日本導演深作欣二、舛田利雄。

黑澤明導演沒有得到任何署名。

但更離譜的事情還不僅如此。

為了防止出現著作權糾紛，在最終剪輯出來的成片中居然不包含「任何一秒鐘」黑澤明導演所拍攝的素材。

3. 資金規模並不完全等於管理水平

我剛進入影視娛樂行業的時候，經常遇到各種江湖大佬向我吹噓，說他們「從來不超期，也從來不曾超支，特別能省錢」。由於多次遇到這種「銷售話術」，我懷疑這些老炮應該是在無差別地向所有新入行的投資人兜售這種「省錢邏輯」並進行「客戶篩選」。而很多新入行的投資人也確實認為「省錢」才是做事的關鍵。

但後來我查了下他們對應的影片投資回報率，幾乎是慘不忍睹。

如果你和我一樣是一個投資人，你必須發現這種銷售話術當中的邏輯漏洞。

從電影投資的角度看，「省錢」這個目標其實非常好實現。想省錢那就少花錢唄。或者你乾脆就別拍了。

不拍最省錢！

只是大聲喊「省錢」，最後影片的票房仆街。那省錢還有甚麼意義？

電影是非常複雜的藝術，電影投資是非常精妙的另類投資，絕不可能是簡單用「勒緊褲腰帶」就夠解釋的事情。錢倒是省了，結果做出來的產品質量低於「社會平均生產力水平」，那你怎麼可能獲得正收益？

前一小節當中的製片人埃爾默・威廉姆斯確實是開除了黑澤明，但那並不是因為黑澤導演不懂省錢，他找來接替黑澤明的兩位導演在事實上花掉了遠比黑澤明更多的錢。投資方對於黑澤明導演的意見是因為他無法適應荷里活的製片系統。

但他們其實是搞錯了黑澤明這種類型的導演與製片系統之間的關係。

任何一個曾經感受過電影藝術魅力的人，都可以從藝術創作的角度告訴你，錢其實是一種「可替代資源」，而在藝術創作當中，來自藝術家們的創意才是真正的「不可替代」。

黑澤明導演在遇到製片人埃爾默・威廉姆斯以前一直都是那樣拍戲的，不照樣取得巨大的成就？而在離開了《虎！虎！虎！》之後，黑澤明導演的工作方法也並沒有甚麼大的變化。

但《虎！虎！虎！》之後，日本的投資人全都害怕了，沒有日本公司敢再向黑澤明導演的電影投資。

當時的美國和蘇聯正處在冷戰之中，雙方都拉開架勢要在包括文化藝術領域在內的所有領域進行全面競爭。蘇聯人在看到荷里活開除了黑澤明之後，迅速找上門來邀請黑澤明拍攝了俄文電影《德爾蘇．烏扎拉》（*Dersu Uzala*，1976）。

雖然不是商業題材，但照樣獲得了第 48 屆奧斯卡金像獎的最佳外語片獎。

得獎之後，黑澤明導演繼續無戲可拍。

日本人覺得很正常，可荷里活的製片人們反而看不下去了。

這麼好的寶藏導演，你們居然讓他坐冷板凳？

荷里活製片人們決定組團支持黑澤明，並派出了佐治．盧卡斯（George Lucas）與法蘭斯．哥普拉（Francis Coppola）兩位電影製片人擔綱製作。如果你是一個電影愛好者，你也許會知道這兩位製片人還有另外的社會身份，叫做「電影導演」。

盧卡斯與哥普拉兩人在與黑澤明導演充分交流之後，重新為黑澤明定制了一套新的製片系統，在充分滿足黑澤明導演藝術創作需求的前提下依然做到了對預算的有效控制。不僅如此，他們還說服了在《虎！虎！虎！》中開除了黑澤明的美國投資方和其他日本電影公司一同出資拍攝了古代戰爭題材的史詩影片《影武者》（*Kagemusha*，1980）。這部影片不僅取得了票房成功，還獲得了康城電影節的金棕櫚獎。1990 年，黑澤明導演獲得了奧斯卡金像獎的終身成就獎，在人類電影史上留下了濃墨重彩的一筆。

黑澤明還是那個黑澤明，怎麼會有這麼大的差異？

難道說《虎！虎！虎！》之前和黑澤導演合作的日本投資人們全都不懂所有權與經營管理權應該是分離的這個道理麼？難道《影武者》之後日本的投資人們又都忘記了那些道理麼？

我將這種特殊的現象稱作「黑澤悖論（Kurosawa Paradox）」。

要理解這個悖論，還是得看看黑澤明所處的日本社會大環境。

日本人是非常會做生意的民族。七十年代時日本的經濟正在高速起飛，企業管理理論與實踐，並不比美國差。日、美兩國在很多經濟領域的成績也都一直是相互追趕，各有千秋。幾十年過去，雖然經歷過一些小的波折，但日本的經濟發展狀況一直都還算穩健，國內電影票房從七十年代至今，一直都在高位運行。

但奇怪的是在這種大環境下，日本真人電影的製片規模卻一直都在穩步縮小，在全球的影響力，再也沒有達到過黑澤明時代的水平。

可反觀荷里活電影，從七十年代至今，一直都在東奔西突，影響力越來越大。在全球化市場的電影場域內，幾乎已經沒有任何來自其他市場的生產商能夠與之抗衡。

藝術家還是同樣的藝術家，「搞錢」的邏輯調整了一下，成果就完全不一樣了。

日本電影衰落的真實原因是日本的真人電影的製作始終沒有發展進入到重工業電影階段，而日本的電影投資也始終沒有變成現代金融投資所說的專業化另類投資應該有的樣子。

使用原始工具，動用國家力量，用古代手工業的方法照樣可以修建胡夫金字塔這種巨型工程，但如果想要憑藉私營力量建立一個地產帝國，那沒有系統工程理論與對應的投融資管理肯定是不行的。

既然「導演」和「監督」已經搞清楚了，那麼要解決這個悖論，下一步就必須從經濟學的角度去重新定義究竟甚麼是「製片人」。

可如果查詢一下目前正在使用的《現代漢語大詞典（第七版）》，會發現「製片人」這個詞條根本就不存在。

離得最近的選項是「製片」。

製片

（1）動詞 —— 攝製影視片：製片人｜製片公司

（2）名詞——指製片人，影視片的投資人：資深製片人

這個解釋非常妙，「製片」作為動詞時就是指攝製影視片的行為，而做為名詞的時候也可以指製片人，所以製片人就是做製片這個行為的人。按照這個邏輯去看，「攝製」、「製片」、「製片人」、「投資人」四個概念突然變成了一套相互解釋的環狀結構。

這個解釋初看好像不是太嚴謹，但其實非常符合製片人所處的複雜系統環境。投資人未必會自己親自負責影片的製作管理，而且按照一般江湖人士的理解，製片人最重要的工作就是找到投資人。

一個找不到投資的人是很難成為製片人的。

可如果製片人自己就是二位一體的投資人，那麼他的主要工作就突然變成了「如何找到自己」。每天忙忙碌碌，只是為了「找自己」？

那咱們再查查《辭海》吧。

《辭海（第七版）》當中對「製片人」的定義是這樣的：

製片人：（名詞）

影片製作管理的總負責人。其職責為對影片生產從故事創意、

劇本創作、主創人員組成、攝製製作到編制預算、籌集資金、使用資金直至發行銷售的全過程進行監督和管理。在市場化的體系中，製片人一般是電影公司的法定代表人或出資方代理人。

很明顯，《辭海》對「製片人」這個概念做了更加具體而且非常形象的定義，比較明確地界定了製片人的業務內容。

但《辭海》的定義卻沒有注意到製片人的經濟學屬性，並不適合從金融投資的角度對其進行分析。

那我就需要從「生產者與消費者」的角度去重新定義「製片人」。

4.「混江湖」的金融本質就是整合生產要素

在我的大部分電影作品當中，我的署名都是「製片人」。

「製片人」從字面上看就是「做製片生意的人」。這個名詞其實和「導演」一樣是舶來品，「製片人」對應的 producer 就是經濟學中「生產者與消費者 (producer VS consumer)」中的基本概念。而製片人的這門生意，則被稱作 production。

而這個詞在經濟學當中也指「生產」。

沒錯！也就是馬克思反覆強調的「生產力決定生產關係」中的那個「生產」。

Production（生產，製片）這個詞，非常能代表工業革命後歐洲工礦企業彼此頻繁交流的特點。在歐洲很多不同的語言當中都發同樣的音，在馬克思的《資本論》裏也曾反覆多次出現。在英文版本的《資本論》裏叫 production，而在德文版裏叫 Produktion，寫起來不太一樣，但讀起來卻是完全同樣的發音。

英文和德文的「電影」，在被當作是社會經濟生活當中的一個生意門類時，發音也都是 film production，只是德文被寫成是 Filmproduktion。

如果回憶中學必修課裏與「生產力」相關的經濟學知識點，你就會發現：

物質資料生產的全過程包括生產、分配、交換、消費四個環節。

生產關係是在物質資料生產過程的各個環節中發生的相互關係的總和。

生產資料是勞動者進行生產時所需要的資源或者工具。

生產力決定生產關係。

雖然影視娛樂行業內的「生產」未必能完全算作是「物質資料生產」，但無論娛樂圈有多麼的「江湖」，這個行業也必然得服從「生產力決定生產關係」這個最基本的經濟學原理。

電影行業的生產力進步，必然會調整行業內的生產關係與勞動分工。

於是電影產業內經營管理崗位的權利與義務總和就變成了製片人（producer），而製片人的職責範圍就是「製片與生產（production）」這個生意。所以「製片人」就是在經濟學中抽象的「生產者」在電影業務中的具體人格化。

任何經濟體的發展，都不能脫離自己所對應的時代特點。

手工電影階段的電影人，恐怕不太需要專業化分工。基本上就是「有活兒搶着幹」。但當電影投資的金額越變越高，逐步發展到重工業電影甚至是數字化重工業電影之時，電影製作必然會越來越複雜，而對從業人員的專業能力要求也肯定會迅速提高。

這就需要創作崗位和經營管理崗位都開始專業化，各自發揮自己在經濟學上的比較優勢。

中國電影目前肯定是已經脫離了手工電影階段，正在邁向重工業電影甚至是數字化重工業電影階段。

那這個時代的市場必須有專業的製片人。

但要理解究竟甚麼才是「專業的製片人」，就必須再穿越回我在微觀經濟學上打瞌睡的那個上午，去挖掘隱藏在記憶深處的其他的一些詞組。

比如「需求」與「供給」，比如「生產資料」與「生產關係」，比如生產關係所包括的生產資料的所有制形式，以及人們在生產中的地位和相互關係。

甚麼是電影的生產資料？

資金？劇本？攝影機？存儲介質？場地？

那作為影片一部分的「演員」究竟算是「生產資料」還是「生產者」？

不用這麼複雜，所有電影製作需要的元素，無論是人員與機器還是場地和技術，都可以統一歸類為「生產要素 (factors of production)」。

有了「生產」，「生產關係」和「生產要素」，我就可以給「製片人」這個概念做出基於經濟學原理的全新定義。

製片人：(名詞)

影視行業內從事經營管理與運營監督事務，並且掌握對應權利的管理技術人員，對具體的影視產品與項目負責。製片人是影視生產要素的組織者，生產目標的制定者，生產關係的協調者，生產流程的管理者。

單獨使用時，可以代指執行上述職能所對應的崗位名稱，也可以代指承擔此崗位的人。

如果一個人的工作內容是「確定電影生產目標，組織電影項目生產要素，管理電影生產流程，協調電影在生產分配與消費過程中的關係」，那無論他在影片中如何署名，無論他是否有署名，他其實都是「製片人」。

而當導演自己完成了製片人的崗位職責時，導演其實就是製片人，只是沒有署名為製片人而已。

在荷里活體系內，受導演的《工會合約》與製片人的《公會規則》的限制，如果一個導演承擔了製片人的崗位責任，那這個導演在擁有「導演」署名的同時，也會額外擁有「製片人」署名。在那個體系裏，如果一個導演並沒有獲得「製片人」的署名，那他也就不可能行使製片人的權利，當然也不必承擔製片人崗位的任何義務。

所以「製片人中心制」根本就是一群連製片人的崗位責任都沒有搞清楚的人腦中產生的幻覺；而所謂的「導演中心制」，則其實只是個製片人署名不規範的問題。

要是不相信，可以找來佐治．盧卡斯、法蘭斯．哥普拉、史提芬．史匹堡、基斯杜化．路蘭、麥可．貝等等一系列大導演的作品，看看片頭字幕，你會毫不意外地發現，他們除了單獨署名「導演」，還都同時與其他很多人一起署名「製片人」。

但荷里活既然是個名利場，就必然會有人不求名而只求利。

投資電影的人，肯定是製片人，但說服別人去投資電影的人，在荷里活也同樣是製片人。

畢竟如果你能相信「生產力決定論」，你就必須承認「資金」也是一種重要的生產要素。專業負責幫別人解決這種關鍵生產要素的人，在金融領域叫做「財務顧問」，但是在荷里活的娛樂圈裏，他們也同樣被稱作「製片人」。

02 想融資？請先學「吃着火鍋唱着歌」

1.「江湖找錢」的起點為啥總是「吃火鍋」呢？

如果你不是藝術家，但卻非要進入娛樂圈「闖蕩江湖」，那你最需要搞懂的事情就是「搞錢」。這可是個系統工程。

行走江湖多年，我一般將「搞錢」細分成「找錢」、「砸錢」、「管錢」以及「要錢」這四個子系統。

在華爾街的體系內，「找錢」一般被稱作「融資」或者「募資」，「砸錢」一般被稱作「投資決策」，「管錢」一般被稱作「投後管理」，而「要錢」則一般被稱作「套現退出」。

所以我在娛樂圈行走江湖「搞錢」的各項任務加在一起，就是金融投資行業的「募、投、管、退」。

千里之行，始於足下」。如果你已經下定決心要投入這個名利場，那第一步需要完成的任務，就是學會「融資」與「找錢」。

不要覺得只有窮人才需要去找錢，富人就根本不需要融資。富人想改善生活，買個勞斯萊斯、法拉利，那確實是可以憑藉個人的積累來完成。但如果富人除了吃喝玩樂之外還想要搞個大事，那照樣也得先學會融資。

甚麼算是大事？

修鐵路，造飛機，探索外太空，這些肯定都算是大事。

在人類的金融投資歷史當中，從來沒有任何一個單體的富人能完全憑藉自己的積累完成這些事兒。而卡爾．馬克思在《資本論》當中就已經一針見血地指出，「假如必須等待積累去使某些單個資本增長到能夠修建鐵路的程度，那麼恐怕直到今天世界上還沒有鐵路。」但企業家們學會了找錢，於是他們「轉瞬之間就把這件事完成了」。（*Das Kapital*， Karl Marx， 1867）

清朝末年的時候，四川、湖北、廣東的平民百姓就已經自籌資金搞出了川漢鐵路和粵漢鐵路等不少私營大項目，而這個自籌資金的過程其實就是現代通過股票來進行金融活動的雛形。

如果你想複習一下電影《讓子彈飛》，那你就得告訴自己，先得有小老百姓們辛苦籌股湊錢鋪好了鐵軌，然後才能有馬邦德縣長帶着貌美如花的夫人以及不太會作詩的師爺在小火車上「吃着火鍋唱着歌」。（《讓子彈飛》，姜文導演，2010）

但如果你是個新手小白，卻想着自己也能拍電影——毫無疑問，這肯定是一件大事——你就必須學會融資與找錢。

假設你打算用華爾街的辦法去融資，他們肯定會扔給你一大堆的英文縮寫單詞，比如甚麼 BP（business plan）、DD（due diligence），甚麼 IPT（intellectual property trust），又比如甚麼 ABS（asset-backed security），以及 TBI（tax backed incentive）。而他們如果發現你真的特別懂行又或者完全不懂行，都很有可能向你推薦 CDO（collateralized debt obligation），讓你雖不明白，但又覺得很厲害。

但任何概念肯定都是從實踐中來的。而所謂的金融知識也肯定離不開江湖式的找錢實踐。

所謂 BP（商業計劃書），說白了就是你得讓別人知道你融資到底想幹點甚麼？而你的劇本、拍攝計劃以及未來的發行銷售預期加在一起就是你的 BP。

所謂 DD（盡職調查），就是你找到了大佬，但人家不認識你，那你們倆就得認真地彼此了解一下，用江湖的語言就是「吃個火鍋唱個歌」。

所謂 IPT（知識產權信託），就是「您要是看不懂我的劇本，那您找個信得過的明白人替您讀幾遍，而且還可以把影片未來的版權先抵押給您。」

所謂 ABS（資產擔保證券），就是「反正跑得了和尚跑不了廟，實在不行您就直接拿我爸的火鍋店抵債！」

所謂 TBI（財稅政策激勵），就是「我上次和王老二吃火鍋，他說隔壁店搞活動，充一百返三十，要不咱一起去試試？」

而所謂 CDO（擔保債務憑證），就是「如果沒人買牛排，那就把牛肉切碎賣牛肉串。如果沒人買海鮮，那就把魚肉搓碎賣魚丸。如果兩樣都沒有人買，那就絞成肉餡搓成泥，賣爆漿撒尿牛丸涮火鍋。」

如果你混過江湖，那你就會發現華爾街的這些招數其實和「找大佬一起吃火鍋」的那點兒事沒有任何本質區別。你們吃完要是還不盡興，那就必然得「一起去找個地方唱會兒歌」。

可不要覺得找到了大佬之後，「吃着火鍋唱着歌」就能把錢弄來了。現實世界有時候比姜文的電影情節還殘酷。畢竟大佬之所以能成為大佬，首先他們都不傻。如果你沒有任何成功經驗，卻想融資搞藝術，那你必須先把自己「奉獻出去」。

和其他的藝術形式不一樣，作為製片人，奉獻自己的方式首先是「自掏腰包」，直接使用自己多年的積蓄進行現金支付，先自己打個樣兒給大佬們看看。

我剛轉行做電影的時候，很多片子使用的都是自己先前的積蓄。而基斯杜化·路蘭導演的第一部電影同樣也是自費拍攝。除了刷爆自己的幾張銀行卡之外，他還動用了自己家、父母家以及他老婆的娘家，總共三家人的全部積蓄。

他所使用的這種「對身邊人下手」的方法在金融領域一般被稱作「F4 融資」，就是指 father（家人）、family（親屬）、friends（朋友）以及 fraternity（好兄弟）。

路蘭現在已經成了「路蘭大神」，製作了《蝙蝠俠黑暗騎士三部曲》（*The Dark Knight Trilogy*）、《潛行凶間》（*Inception*，2010）、《星際啟示錄》（*Interstellar*，2014）、《TENET 天能》（*Tenet*，2020）等等影史經典。

奉獻自己之後，還可以使用第二種方法，叫做「信用借款」。

初出茅廬的電影人直接去銀行說「先生你好，我想借點錢拍電影」，這肯定是不行的。而像路蘭一樣向身邊人到處借錢雖說未必不可行，但以目前的市場環境而言，願意借錢給別人去拍電影的幾率應該不會很高。

但如果你人緣還不錯，周圍的朋友也覺得能成功，那你兜裏其實就已經積攢了人類社會最原始的「信貸要素」。

這就叫做人與人之間的「信用（credit）」。

有了信用就可以使用一種平民金融手段，叫做「刷臉支付」。

具體說起來就是得拉下臉皮，想盡辦法讓各路朋友們來幫忙，緩付甚至不付人工費，用人情債來進行赤字拍攝。

但你要記住，江湖有句古話：「出來混，遲早是要還的。」

而且有些成本，比如機器、耗材和現場雜費，是無論如何也無法緩付的。

這時候就只剩最後一條路，真正使用自己的「個人信用」—— 把兜裏的錢包掏出來，數數自己一共有幾張信用卡，刷爆它們，進行「刷卡支付」。

我曾經是個信用卡使用小能手，這是人盡皆知的事情。

林詣彬導演最初的幾部作品，使用的也是這個方法。而他目前已經是荷里活華人當中最成功的導演之一，作品包括《狂野時速 3，4，5，6》、《星際迷航 3》，以及《狂野時速 9》等現象級大作。所以這個方法別人拿來實踐也應該是有效的。

如果你囊中羞澀，也不想讓自己的信用記錄變成調色盤，那就只剩下最後一個方法 —— 去找「股權投資」。

「股權（equity）」這個詞，在英文中的含義其實也是「公平」。所以當你看《讓子彈飛》裏姜文扮演的張牧之在出征剿滅麻匪之前大喊了「公平，公平，還 TMD 是公平」，那其實也可以理解為是在喊「股權，股權，還 TMD 是股權」。

因為股權講究的是「同股同權」，所有投資人都彼此公平。

而且股權投資是「認虧的」，最終虧光了股本也沒有完成任務，那大家也都只能認倒霉。

張牧之去打麻匪，是黃四郎拉着鵝城的豪紳們湊的錢，是在喝大酒的過程中定下來的。

而在現實世界的名利場裏，如果你想搞股權融資，肯定還是離不開喝大酒。

喝大酒說起來簡單，實施起來卻並不容易。

金融行業對資金方一般有兩個專業名詞，分別叫做「高淨值個人（HNWI，high net worth individual）」與「機構投資人（institutional investor）」。這兩個群體在影視的江湖當中，又分別被稱作「老闆」和「友商」。而江湖上對於其他「生產要素」也有一個統稱，一般都稱作「弟兄們」。

如果你對娛樂圈八卦有一些了解，你可能覺得我是不是忽略了「煤老闆（coal mine owner）」這個非常重要的投資人群體。

不好意思，製片人不會搞錯誰是「金主」的！

煤老闆在金融領域的分類就叫「高淨值個人」，而且是「超高淨值個人（V-HNWI，VERY-high-net-worth-individual）」。

江湖人稱「VIP當中的V-VIP」。

我在新手期到底喝了多少酒，到底喝過多少種酒，已經完全無法進行精確的量化統計，但我估計各種類型混雜在一起，應該能裝滿好幾輛灑水車。而且當你祭出了喝大酒這個江湖手段之後，不能只是看着資金方，還必須同時搞定其他生產要素。

VIP 的酒能夠給你補充現金流，而「弟兄們」的酒則能夠緩解你的現金流壓力。所以無論是煤老闆、礦老闆，還是普通的場工以及助理，我都和他們在喝大酒的過程中結下了深厚的友誼。

認真總結一下，喝大酒的類型其實是有規律的。

VIP 們總喜歡喝與葡萄有關的酒。一般從乾紅、乾白一路喝到乾邑。而「弟兄們」總喜歡喝糧食釀的酒，一般從透明玻璃瓶的清香型開始一路喝到純糧釀造的濃香型。遇上 V-VIP，也得喝白瓷瓶裏陳釀的鐵蓋坤沙醬香型。

從金融的角度看，VIP 在影視江湖中的主要任務就是投資，所以幾乎都是買方。但是作為賣方的「弟兄們」如果與你不是一條心，你也很難完成自己的商業規劃。

而「友商」們則有時會投資別人的項目，而又在另外一些項目中又接受別人的投資。所以從金融的角度看，「友商」們有時是買方，而另外一些時間則是賣方。

在很長的一段時間裏，以煤老闆和礦老闆們為代表的超高淨值個人一直都是喝大酒這種方法的重要融資對象。

而在同樣長的一段時間裏，作為機構投資人的一些影視行業友商的投資人名單裏，甚至也都只有煤老闆們的名字。

所以我估計這個融資與找錢方法，別人拿來實踐也是有效的。

2. 「喝大酒」不僅是「融資路演」，也是「盡職調查」

任何經濟體的發展，都不能脫離自己所對應的時代特點。

根據古典經濟學的分類標準，中國的電影市場曾經在很長一段時間內都屬於供給不足的「新興市場（emerging market）」，那就必然會具有一些此類市場的共同特點。

在金融投資領域當中，「新興市場」這個概念和「另類投資」一樣缺乏準確的定義。還記得本書第一章第一節當中那段很繞口的內容麼？那些不是傳統投資的投資類型與投資策略，都叫「另類投資」。而「新興」二字的本質則是因為這些市場未來大概率能成為「發達市場（developed market）」，但目前還不是。

所以如果你用華爾街上那些傢伙們的視角去觀察，這個「新興」其實也有點繞口：所有暫時還不完全屬於華爾街體系的，但值得去投資且具有成長性的市場，都可以統一歸類成「新興市場」。

「發達市場」的特點是很明確的，供給旺盛，流動性充分，法律與行業規則健全，擁有可靠的監管體系，參與者均具有較強專業水平。雖然現階段的中國市場已經完全滿足這些要求，但華爾街還要求金融投資必須「完全向外國投資者開放」才能叫「發達市場」。而我們目前針對外國投資的「負面清單」並不算短，所以雖然前幾個條件全都滿足，也依然只能叫「新興市場」。

作為金融學意義上的新興市場，以前的中國電影投資市場在很長的一段時間內也確實有新興市場的兩大特點，第一是「供給不足」，而第二是「缺乏可供分析的歷史數據」。

由於供給不足，以前的中國電影市場當中的任何人只要能夠把「增量」搞出來，解決了「有沒有」的問題，大概率就能賺錢。

這導致了中國的電影市場在很長一段時間裏，做的也確實都是增量的生意。而做增量非常需要你有膽量「大幹快上」。

而同樣是因為供給不足，投資參與者當中即便有人想要深思熟慮地好好做電影，那也只能是基於定性研究的思路來處理問題。除了「小鮮肉」及其經紀人們號稱自己的「流量」可以有數據支持並能夠進行定量分析之外，大部分同行在投資電影之前，都只能簡單區分一下某種特定的影片類型在之前國產電影當中到底「有沒有」。

也就是看看自己手裏的這部影片，到底「算不算」想像中的類型。

但從數學的角度看，這頂多只能是簡單區分一下是「0」還是「1」，完全算不上定量分析。至於某部電影到底好不好，或者在同類型影片當中進行橫向比較，以判斷一下到底有多好這種真正需要定量分析的問題，一般人都是很難在影片上映之前研究清楚的。

做增量需要四個條件，雙方需要首先確認「交易願望」，然後需要交易雙方都有極強的執行力和膽量。而且由於新興市場缺乏完善的行業規則，還需要投融資活動的參與者能夠在合約條款並不健全的情況下，依然能夠秉持互惠互利交易原則，追求「江湖道義」和「好人品」等等非常抽象的社會價值取向。

而上面這幾個條件，通過「喝大酒」幾乎都能夠驗證出來。

認真回想一下，酒可真是一種神奇的液體。

耶穌基督來到人間之後，一直在不斷展示凡人根本不可能具有的智慧，但直到祂把水變成酒，人們才認為那是「第一個神跡」。

孫悟空原本好好地在天宮當弼馬溫，但聽說其他神仙喝大酒居然沒邀請他，就摧毀蟠桃大會，把「會議專用酒」喝光，然後大鬧天宮。

白素貞原本跟許仙過着幸福的小日子，結果喝了點雄黃酒，就現了原形。家庭破裂，水漫金山，搞得江浙滬「包郵區」

民不聊生。

平常話少的人，喝了點酒話就多了；而平常廢話實在太多，讓人抓不住重點的人，喝多了酒之後就直奔主題了。非常冷峻的人，喝了酒就變得溫柔而婉約了；而平常很有城府的人，喝多了之後也放下戒心了。

「李白斗酒詩百篇，長安市上酒家眠。」

任何喝過酒的人，肯定都體會過酒過三巡，原地起飛的那種放鬆與快樂。

「天子呼來不上船，自稱臣是酒中仙。」

人喝完了酒，也就敢於直接將自己最真實的一面展示給其他人看了。

所以當我告訴你喝大酒這事兒其實是一種「融資路演（financial roadshow）」外帶古法「盡職調查（due diligence）」，你會不會覺得挺有道理？

這種充滿了江湖氣息的 DD 方法，我也是親測有效的。

雖然我現在已經滴酒不沾了，但作為過來人，還是打算將這個方法的行為金融學（behavioral finance）本質給大家介紹一下。

一邊要喝大酒，一邊還要談生意的這種活動，其實非常像在酒吧裏談戀愛：你需要在調動情緒的同時展現魅力、展示實力，然後還要控制情緒，感受對方的魅力，並且驗證對方的實力。另外，還要在這個過程當中講清楚交易合約的核心條款，並快速建立信任。

幾頓大酒喝下來，陌生人就成了異父異母的「親兄弟」，而從未有過交易記錄的合作夥伴們，就直接變成了「一致行動人（acting in concert）」去衝鋒陷陣。

這效率讓我今天想起來依然覺得很羅曼蒂克。

但江湖上的這種羅曼蒂克，卻正在慢慢消亡。

具體的原因，還是因為生產力發展了。

當一個市場處於機制不健全的新興市場階段時，雖然合作雙方都缺乏其他類型的盡職調查手段，但賺錢的原因卻很簡單。那麼喝大酒絕對是最直接有效的驗證對方潛力的古法盡職調查。但在一個充分競爭的存量市場當中，決定能否賺錢的要素已經變得非常複雜，肯定不是幾頓酒就能解決的了。

請想像一下，現在我們在荷里活，想要斥巨資支持基斯杜化．路蘭或者占士金馬倫導演的電影。如果我們現在也要求讓「老路」和「老占」出來，看在錢的份兒上陪着投資人吃個飯、唱個 KTV、做個足療、泡個洗浴，然後喝幾場大酒再聊聊人生，好像也不是甚麼太離譜的事情吧？

但荷里活是個充分競爭的完善市場體系，大家做的都是

「存量」的生意。喝大酒這種古法盡職調查手段，雖然仍然有一定效果，但在華爾街的整體系統內就會顯得有些低效和不充分。

友情提醒，「華爾街」這個詞代表的是經驗與知識，是一種成型的方法論體系，其中並沒有任何價值觀的暗示或者關於能力高低的隱喻。華爾街的玩兒法照樣也少不了乙醇、高蛋白和高碳水。

但喝大酒是非常殘酷的自然篩選，其邊際效益遞減，而且邊際成本極高。所以在華爾街當中，喝大酒只是盡職調查諸多的路徑與手段之一，而不是全部。

至於在中國的娛樂圈當中，喝大酒的效率也在急速降低。

大量經過酒精考驗的「老戰士」為了防止在長期喝大酒的實踐中榨乾自己肝臟中的解酒酶，紛紛通過口服加外用的方式來作弊解酒，而且還在江湖實踐中接觸到了美帝國主義的「找錢」方法論，並學會了掩飾自己的「心口不一」。

這就直接導致「酒後吐真言」的幾率大幅降低了。

這種現狀就迫切要求你必須提升喝大酒的效能。

樸素的社會直覺也許已經在告訴你需要開始「練酒量」了。

但如果你看完下一節的內容，就會知道最有效的解決方案並不是喝更多的酒，而是繼續深入學習金融投資學知識。

3. 你到底是找 LP，還是搞「大佬承兌債券」？

假設，從現在開始你是一個煤老闆。

那麼你就是一個 VIP 當中的 V-VIP。

作為 V-VIP，肯定是各種喝大酒活動的主要邀請對象。

有幾個人號稱自己是「搞藝術的人」，要請你一起「吃個火鍋唱個歌」。在席間他們向你發送了一份電影項目書，並在把酒言歡的過程中介紹了自己的「藝術修為」。

「藝術」的光輝是如此耀眼，以至於你幾乎不敢直視光源的方向。

但作為影視娛樂行業的製片人，這種逆光拍攝的事情我經常會遇到，解決的方案有時候並不是婉約的「藝術」，而是簡單粗暴的「技術」。如果畫面背景中出現了強光，讓你看不清楚前方，你可以將光圈調小，或者乾脆給鏡頭加一個「濾光片」。

當我們用經濟學的濾光片將藝術的光輝過濾掉，就可以冷靜地從「搞錢」的視角再看一遍電影項目書。

這個文件在金融投資行業其實應該叫做「融資路演 PPT」。

如果我自己就是編製融資路演文件 PPT 的人，那我會告訴你每一部電影其實都是一個微型經濟體。按照江湖的規矩，「製片人」對應的是電影的「話事人」。而從金融投資的角度看，這個「話事人」其實就是這個微型經濟體的「實際控制人（actual controller)」。

但有的時候融資路演 PPT 並不是我編製的。

我很有可能也只是這份文件的「收件人」。

那麼這些融資路演 PPT 遞到我手中的時候，融資方很有可能並不是想尋求「實控人變更」。這些項目賣方恐怕只是需要我做一個安靜的「純財務投資人」，而且他們的合約當中很有可能附帶着「同股不同權」的融資安排。這時，無論我投資後的佔股比例有多少，項目的「實控人」都不會與我分享任何管理權限。

翻譯成江湖的語言，就是「等着回款就行了，其餘的事情不用操心」。

但在金融投資的領域，這句話的含義就是「有人要找 LP」。

LP 是 limited partner 的縮寫，翻譯為「有限合夥人」。所謂「有限」，第一條件就是只需要承擔合約規定的「有限金額」的投資，對應承擔「有限」的責任，同時享受非常「有限」的權與利。這些權利除了與投資金額相對的「很有限」的收益份額之外，在電影圈一般還包括「非常有限」次數的現場探班，以及「特別有限」的與明星們接觸的機會。

至於其他的時間，有限合夥人的職責就只是「做一個安靜的美男子」。

而你所投資的電影項目的「話事人」，按照金融的規矩則一般被稱作 GP（general partner）。雖然這個詞兒在中國一般被翻譯為「普通合夥人」，但我覺得其實翻譯成「通用合夥人」更合適。因為 General Electric（GE）一般被稱作「通用電氣」而不是「普通電氣」，而且只要跟「電氣」有關的生意 GE 全都做。而 General Motors（GM）一般都被稱作「通用汽車」，而不是「普通汽車」，而且只要跟「汽車」有關的生意 GM 幾乎全參與。

所以當我意識到 GP 的本質其實是要處理跟對應資金有關的所有事兒的時候，除了「通用合夥人」之外我不知道還能怎麼翻譯這個詞。

在中國娛樂圈的江湖上，片頭署名當中時不時的會出現一些 General Producer（GP，總製片人）。不知道是不是想暗示自己的這個 GP 的崗位非常高端，是統領各方的通用製片人，是電影的話事人，是對應項目與資金的實際控制人？

當你成為了 LP 的時候，你立刻會因為自己的投資行為而獲得一份「投資合約」。這份合約如果能夠轉讓，那在金融學當中就也可以看作是一種「有價證券（securities）」。

而《投資合約》當中標註的「影片總價」其實就是一種「票面金額（face value）」，未必需要與影片實際發生的製片成本產生對應關係。

但我們在前面的章節當中就已經介紹過，娛樂圈其實一直都有「名不副實」的好傳統。所以當一個融資路演 PPT 被送到我手中的時候，如果賣方不希望我參與製片管理，那我即便是署名了「General Producer AKA 總製片人」，我其實也不能從實踐中知道預算的編制與執行到底是遵循一種甚麼樣的規則，也就無從知道對應的票面金額是否符合實際情況。

但這並不能阻止我的投資。

因為我投資後希望獲得的東西並不是票面金額，而是要提高投資份額所對應的投資回報率。

在中國的影視娛樂行業，時不時的就會出現幾個讓人覺得不可思議的高溢價的項目。但這些項目在上映之後卻照樣讓投資人獲得了極高的投資收益。面對這樣的項目，我的選擇並不是「討價還價」，而是要進行判斷，這種項目的「收益」是否足以覆蓋這些「溢價」。

由於每個投資人進場的時機都不一樣，對應的風險與預期回報也都不同。我既然只是個別人的 LP 以及權利和義務都非常「有限」的合夥人，那就必然要允許實控人對影片在不同的階段進行溢價。

畢竟當我採購了對應的投資份額之時，雖然我承擔了「有限風險」，但卻獲得了「可變收入預期」。如果所有的有價證券都能自由交易的話，那就會出現一個老百姓俗稱為「股市」的「二級市場」。這時候我甚至可以將已經變成了「股票」的有價證券進行對沖交易。

因為按照金融行業的規矩，當項目實控人直接銷售份額（equity）的時候叫「一級市場（primary market）」。而只要任何人從這裏採購了份額之後再次轉售，就會被稱作「二級市場」。而一般情況下我們所說的「炒股票」，其實指的就是買賣上市公司的「股票份額（equity stocks）」。

那只要我認為價格合理，大膽買入即可。

而在另外的一些情況下，項目的實控人在影片上映之前，未必會允許我轉賣對應的份額，那就等於對應的有價證券變成了一種「記名債券（registered bond）」，而且是有「禁售期（lock-up period）」的。那這個禁售期將從投資動作發生的瞬間開始，一直持續到影片上映之後。影片只要上映了，那所有的觀眾都可以成為「精神股東」，並且通過「買票」來讓實際的股東們獲得投資收益。

這時候我作為一個老江湖需要做的，並不是去「議價」或者「砍價」，而是應該精煉自己的「投資決策」模型。

電影行業這麼辛苦，別人願意把好項目與我分享，這本身就難能可貴。而如果影片最終上映之後讓我賺了錢，前期支付一些溢價肯定是應該的。

在另外一些時候，融資路演 PPT 不僅會通過銷售記名債券來完成股權融資，還會銷售「債權 (debt)」。這在電影的江湖上一般被稱作「固定回報 (fixed income)」投資。

很多人都誤認為既然回報率已經被固定下來了，那必然是可以「保本保收益」的，以至於「固定回報」經常會讓人產生一種幻覺，感覺這種投資類型好像適合所有人，連「江湖小白」都可以放手一試。

但如果你從金融的邏輯推導一下「固定回報」的投資方法，這種「放手一試」的思想其實是不太符合「風險」與「收入預期」之間的對應關係的。

雖然「固定回報」的協議一般都會寫明資金使用的時間以及可預期的收益金額，看着非常安全。而這種「債權」所謂的「收入預期」也號稱是一個固定的範圍，感覺非常像是「利息」。

但在金融投資領域，「債權」這東西可不是誰都可以玩兒的。

金融領域當中最常見的債權玩家就是「銀行」，他們有一整套「聖經」叫做《銀行間巴塞爾協議 1、2、3》(Basel Accords I, II and III)。按照這套「聖經」的規矩，描述債務發生「違約」狀態時用的英文名詞叫做 default。而這個詞當作形容詞使用時的含義是「默認的」。這充分顯示出了我們中國人和歐洲人之間的心理預期差異。

我們中國人講究「欠債還錢，天經地義」，但這幫歐洲金融大佬卻覺得「欠債不還」是「default（默認的）」。這就要求他們從一開始就做好對方大概率會「欠債不還，要債困難」的心理準備。

所以《銀行間巴塞爾協議 1 、2 、3》明確要求，當債權人面對的是一種預期很有限的債權之時，應該要求債務方提供「擔保措施（collateral）」來作為「還款保證（deposit）」。而基於這套邏輯，銀行搞債權的專業選手們會給你估算出一個他們認為你真的可以「有借有還，再借不難」的金額。這就會被稱作你的「信用額度（credit limit）」。

可是那些跑江湖的大佬們能給你甚麼「底層抵押物」呢？他們又能從銀行拿到多少《巴塞爾協議》所定義的信用額度呢？大佬們針對「固定回報」的承諾，頂多就是在喝大酒的時候告訴你他會自己承擔連帶責任，給你開出一張「大佬承兌債券」。

但在正規的金融領域，所謂的「大佬承兌債券」是沒有任何實際意義的。

如果你作為投資人對影片進行了「固定回報」投資，其實是等於採購了沒有任何底層資產支持的「信用債」。這三個字看着簡單，但卻絕對不是「信用」和「債」的簡單組合。

按照華爾街的規矩，類似於影視娛樂圈裏的「固定回報」的「信用債」一般用來指代那些「沒有底層資產抵押」或者「還款週期超過十年以上」的債務，是非常複雜的金融產品，可不是普通金融新手就可以玩兒的遊戲。

所以「信用債」是個風險非常高的遊戲，連普通的銀行都不敢隨便碰。畢竟搞錢搞到了最後，還得套現退出，而這個任務用江湖的語言來描述，就是「要錢」。而在華爾街上敢玩兒信用債的，全都是家底兒特別厚的超大型投資基金。

於是你會發現在現實世界中，江湖大佬們開出來的「大佬承兌債券」在進入還款期之後，大部分都「跳票」了。而開具這種債券的前任大佬們，幾乎都已經成了「被執行人」，被限制消費，從飛機場與高鐵商務座候車廳裏消失了。

你去要錢，結果他們高喊着「要錢沒有，要命一條」，請問你怎麼辦？

想在影視娛樂行業做債權投資，首先需要掌握一個叫做「還款來源（source of repayment)」的金融基礎詞彙。假設你在主觀上是個敢於冒險的人，確實有勇氣憑藉「信任」就給別人放債，那麼就請你在醒酒之後從客觀上去分析一下，你指望你的債務方使用甚麼樣的「還款來源」來支付你的本金以及利息呢？

咱們都不是生活在舊社會，你想「拿喜兒抵債」那是絕對沒有可能。

影視娛樂圈的還款來源只能是未來的影片銷售收入和票房分賬款。而如果你真想參與信用債投資，那必須使用非常完善的風險對沖手段才可以。

我會在後續的章節裏告訴大家究竟該怎麼設計風險對沖，但如果你是一個「江湖新手」卻做了「江湖債權投資人」，那你必然會陷入一個非常尷尬的死循環當中：假設影片銷售失敗，債務方是沒有任何實際資產可供變現以支付「固定回報」的本金及利息的。因為如果從項目起初他們就已經擁有了可供變現的抵押資產的話，那等於他們從項目起初就具備還款能力。那他們直接從銀行做抵押貸款就可以了，為甚麼還要跑出來找你借錢呢？銀行的貸款利率肯定比固定回報率要低多了。

可一旦影片真的銷售成功，票房超級大賣，你做為「固定回報」的投資方在承擔了巨大風險之後，獲得的卻依然只是「固定利息」。而我國的相關監管部門為了打擊高利貸，已經給你的這個利息與本金之間的比例關係加了一個上限，超額部分是不受法律保護的。

這就出現了「風險」與「預期」嚴重不匹配的問題。

你將承擔巨大的風險，卻只能獲得非常有限的收益。

這就充分說明你非常缺乏金融投資學知識。

按照江湖規矩，你需要「缺啥補啥」。

03
「喝大酒」遠不如學習金融知識效率高

1. 不懂「高斯定理」，你酒量再大都沒用

你可千萬不要覺得通過「喝大酒」來談生意是中國的江湖特色。

其實全世界所有的金融投資業務在最開始都是通過喝大酒來實現的。

現代金融史上所承認的全球歷史最悠久的阿姆斯特丹金融交易所，一開始其實就是個酒吧。而荷蘭低地的商人們在發明「經紀人（broker）」這個專業詞之前，只是一群江湖兒女在阿姆斯特丹的酒吧裏面「串消息」。他們一邊喝着小酒唱着歌，一邊掏出懷裏的小本記下了股權融資的相關信息。完成交易之後怕有些人酒醒了就不認賬，所以必須彼此寫個字據以保安全。這套「白紙黑字」就是最初的「有價證券」。

而今天鼎鼎大名的紐約股票交易所，在大清國的時候其實

也只是幾個咖啡廳而已。後來在公元 1792 年（清乾隆五十七年）的時候，好幾個咖啡廳的老闆以及他們的顧客一共 24 個「股票經紀人」共同起草了大名鼎鼎的《梧桐樹協議》（Buttonwood Agreement），正式確立了股票經紀人的行業標準，開啟了美國的現代金融服務業。

但需要注意的是，三個多世紀之前的美國還沒有開始「禁酒令」，也沒有所謂的「酒類專賣制度」，所以那時候的咖啡廳其實全都是賣酒的。要不然怎麼會有「美酒加咖啡，一杯又一杯」的說法？

所有的金融市場在起步初期，肯定都離不開「喝大酒」。

但全球金融投資行業迭代演進了幾個世紀，酒精含量在逐漸降低，頂尖的金融投資人們變得不那麼愛喝酒了。這背後的原因肯定是「喝大酒談生意」這個方法的缺點和它的優點一樣非常突出。

首先所有人都應該承認的缺點就是乙醇這東西對人體有害。

雖然我在行走江湖的路上遇到過不少酒量極高的奇人，據說天生就「千杯不醉」。但他們要麼是在作弊，要麼就是在吹牛。科學研究已經一再證明人類血液中酒精濃度的安全上限值是「0mg/100ml」，也就是說任何濃度的乙醇都對人體有害。

喝一頓小酒，你的身體至少需要 24 個小時才能夠完全恢復正常。而一頓真正的大酒則很可能讓你一個星期都無法正常思考。這麼算下來，喝酒的「機會成本」其實是很難估量的。

如果你覺得喝大酒的成本只是那幾個酒錢，這肯定是不符合經濟學原理的。

我這不是一本養生類讀物，所以也就不再贅述各種酒桌大俠「拎壺衝」的秘訣及其背後高昂的健康代價。你只需要牢記「喝酒的成本非常高，且邊際成本遞增」就足夠了。

但只要你還沒患上慢性酒精依賴症，那喝大酒就不可能是你的目的，而只能是一種手段。你必須從金融投資的角度去認真思考喝大酒這個行為的本質目的到底是甚麼。

我認為喝大酒真正的目的，是要落實諾貝爾經濟學獎得主們總是在反覆強調的「交易成本（transaction cost）」。

在現代經濟學理論當中，提到「交易成本」這個抽象概念及其相關理論體系，首先得邀請 1991 年的諾貝爾經濟學獎獲得者朗奴．哈里．高斯。他被認為是研究交易成本理論的第一高手，連「交易成本」這個具體的單詞，都是他 1937 年在自己的論文《企業的本質》（The Nature of Firm， 1937）中提出來的。

在高斯的論述當中，「交易成本」指的是為了讓交易能夠完成而額外支付的成本。

假設你想買一瓶醬香型的飛天茅台回家一個人月下獨酌，

那麼這瓶茅台本身肯定是要有成本的。但即便是你連去餐廳的菜錢都不想花，為了買到這瓶茅台並把茅台拿回家以實現「喝茅台」這個目的，你也依然得額外支付一些其他成本。

這些都統稱為「交易成本」。

在你「買茅台喝」的這個全流程當中，最早的交易成本就是「信息檢索」的成本。

你首先要確定自己究竟是打算喝「茅台」還是「五糧液」？是喝「鐵蓋茅台」、「棉紙茅台」、「五星茅台」還是「飛天茅台」？又或者是喝「二茅台」或者「類茅台」？

你要搞清楚這些問題肯定是要有成本的。

但你一定要注意，在支付了這些交易成本之後，你都還沒有真正把酒錢掏出來呢。

其次，確定了交易對象之後，交易雙方「相互了解與彼此調查」的成本也是交易成本。

很多地方都是賣茅台的，那你究竟去哪兒進行採購才能避免買到假茅台呢？搞清楚這件事情也是要有成本的。也許你覺得自己從來都沒有支付過這個成本，但你之前的朋友買到了假酒本質上就是在替你去「踩雷」，然後你這個「排雷俠」朋友如果又告訴你在哪兒才能買到真酒，那從金融學的本質上看，他就是代替你支付了交易成本。

在此基礎上，你和店家「討價還價」的過程也是朗奴．哈里．高斯所指的交易成本。而且談定價格後「起草合同」的過程依然是交易成本。

你也許覺得自己買酒從來沒簽過合同，但這肯定是一種「確定性偏差」。按照經濟學的規矩，哪怕是「口頭合約」也照樣是合同。你談定了價格，即便只是和店家「確認了一下眼神」，那一份合同立刻就產生了。

而當你在經歷了上面的一切之後，才剛剛把酒錢掏出來。

但這還不是交易成本的終結。

如果這瓶茅台需要經過快遞運輸才能夠實現交割，那麼「送貨到家」的運費也照樣是交易成本。

酒到家了，沒撒沒漏，你才能夠實現自斟自酌。

但你千萬不要覺得這就已經沒有後續的交易成本了。

簽約付款後「監督合同履行」，以及發生違約後的「權益保護的方案設計與執行」等很多讓人覺得很麻煩的事情，其實全都是交易成本。

想一下，你退過貨麼？喝了酒之後覺得酒不對，去找過店家麼？找過消協麼？找過工商局麼？這些過程所發生的成本也全都是交易成本。

雖然你平常可能不太會注意到這些成本，但你仔細想一下，有很多非常了不起的「新經濟企業」能夠發財，都是因為他們在幫助社會各界降低交易成本。

千萬注意，經濟學上的降低成本可不是讓你「不花錢」，而是讓你花錢之後感覺到「性價比非常高」，然後「花掉更多的錢」。

這麼看來，京東創始人劉強東在創業初期總是要喝大酒其實是非常符合交易成本理論的。因為他的企業不僅能夠讓你在「信息檢索」之後完成「相互了解與彼此調查」，還能夠幫買方和賣方「討價還價」並「起草合同」。最後還能讓「京東小哥」幫助你「送貨到家」。在劉強東的平台上，從最初的交易成本到最後的交易成本，全都是在京東體系內閉環完成的。

完全是「肥水不流外人田」。

但更要注意的是，並不是只有「商品和服務貿易」才有交易成本。按照華爾街的經紀人們在乾隆五十七年喝完了美酒加咖啡之後定下的《梧桐樹協議》的規矩，金融投資領域也照樣離不開交易成本。

我們還是以「娛樂圈」這個另類投資領域為例子的話，那江湖兒女們喝大酒首先需要落實的就是「信息檢索」的成本。

畢竟在真正達成投資之前，買方與賣方都必須要先找對方，並將對方的情況了解一番。哪怕你的融資路演與盡職調查採用的全都是「純糧古法」，那你也得找到「對的人」才能開始「把酒言歡」。

一般情況下，你想一步到位和「關鍵資源」上酒桌，那是不可能的。你總是得先和資源旁邊的各種「表見代理人（apparent agent）」喝幾頓，然後才能和交易夥伴上酒桌。

舉例來說，所有的表見代理人嘴上都會說自己全權代理「劉德華」，但如果你不喝酒，怎麼能驗證他代表的到底是香港的「劉德華」還是象牙山鄉池水溝子村老劉家的四兒子「德華」呢？而且他即便真的代理正牌「劉德華，Hong Kong Andy Lau」，你不喝酒怎麼能知道他到底代表的是娛樂圈勞模劉德華先生的哪些具體的細分業務範圍呢？

你與交易夥伴已經上了酒桌，推杯換盞之餘總得「討價還價」一番吧？

在高斯的理論體系中，討價還價的過程中所耗費的資金和人力資源也是交易成本。

談好了價格，你恐怕還得擬一份交易合約。

而按照高斯的理論，書寫合約與監督履約的成本依然是交易成本。而無論這個合約是「口頭說說」的還是「白紙黑字」，都會有新的交易成本產生。

在江湖業務當中，所有的合約內容都得先由「江湖大佬」之間通過「推手」確定下來。那必然只能是先有口頭合約，然後才能由大佬的小助理形成文字草稿，再交給律師們落實成法律語言並形成可供簽署的合同。

我沒和高斯喝過酒，但我覺得他肯定很懂在酒桌上談生意的深層奧義。

因為在 1960 年的時候，朗奴・哈里・高斯又發表了一篇名為《社會成本問題》（The Problem of Social Cost）的論文，並在當中提出一旦開始「喝大酒」，就必然會發展成「喝好，喝多，喝大」的這種結果。而且這種趨勢並不因為任何人主觀上想「少喝一點」而改變。

這在金融投資學領域當中，就被稱作「高斯定理（Coarse Theorem）」。

高斯定理認為，當整個社會的信息成本和交易成本都比較低時，只要所有權結構清晰，市場中「看不見的手」就完全可以自行處理交易中發生的各種麻煩，不需要勞煩國家強制力。這個定理甚至認為當「交易成本為零」的時候，只要所有權結構依然是清晰的，那交易雙方就完全可以憑藉不斷地「談生意」和「做生意」來實現資源的最優配置。

在這個定理當中，信息成本、交易成本和產權架構的完整性這三者構成了非常穩定的三角形結構。

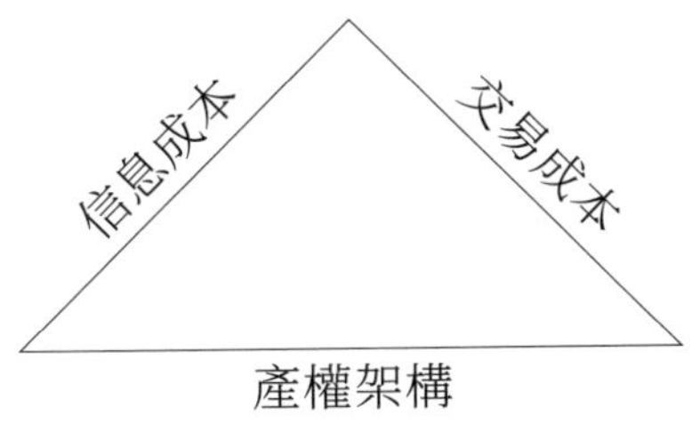

但因為真實的世界當中的交易成本永遠都不可能為零，所以經濟學界早就有共識，高斯定理的最佳使用場景是被用來解釋為甚麼很多行業其實根本不需要有政府的任何干預，而另外一些交易成本特別高昂的行業卻最終必然把「有形的手」給招惹出來。

如果你還沒有完全忘記中學時的解析幾何課程，就應該記得當三角形的某一個邊的長度發生變化時，其他兩個邊也必然得發生變化。

回憶完這個定理之後，就請你猜一下娛樂圈的信息透明度、法律架構的完整性如何呢？娛樂圈的交易成本狀況又該是怎樣的呢？

在這樣的環境下為了避免麻煩該怎麼做呢？

必然還是喝大酒。

喝好，喝多，喝大。

細想一下，這確實反映了高斯定理所蘊含的函數對應關係。

因為相對於一部電影動輒幾千萬的投資金額來說，「酒錢」實在是太便宜了。如果計算「酒錢」與「投資金額」之間的比例關係，真是「交易成本趨近於零」。而如果能僅僅通過喝大酒就將各種爭端給解決掉，那真的是太划算了。

所以江湖裏出現了一句名言，「沒有甚麼事情是一頓大酒無法解決的，如果有，那就再喝一頓」。

細想一下，這再一次驗證了高斯定理所蘊含的函數對應關係。

但酒越喝越多之後，喝大酒的缺點也就顯現出來了。

對身體健康的損害不必提，但「盡職調查」這東西如果全憑酒後的「主觀感受」，那和賭博還有甚麼區別？

如果交易雙方都是「飲如長鯨吸百川，啣杯樂聖稱世賢」，那合約的細節怎麼辦？合同這東西講究的是嚴謹與準確，而喝大酒卻最忌諱斤斤計較與小肚雞腸。

如果自認為是有錢人，那確實可以說自己狂放不羈。可那些你根本都不屑去考慮的合同細節怎麼辦？你的小助理真的有那個能力來替你搞定麼？

如果你的小助理思維比你縝密，談判能力也比你強，那為甚麼不自己當大哥而非要做你的小助理？

專業的律師肯定能幫助你寫出一份看着不錯的合同，但合同這東西在沒遇上爛人和爛事兒之前本身就具有滯後性，如果大佬們在酒局當中壓根都沒有預判出未來會發生些甚麼，那無論律師多麼努力也無法在事先就實現查漏補缺。

喝酒傷身，喝酒誤事。

可是如果不喝酒，你怎麼落實「交易成本」？

這時候你需要的不是解酒藥，而依然是金融投資知識。

所以，請你繼續關注後續的章節。

2. 「酒友互助」能讓你搞懂「代理難題理論」

你去喝大酒，桌上全是影視娛樂圈的各種資源大咖。有人手裏有演員，有人手裏有劇本，有人認識倆導演，當然肯定還得有人認識倆煤老闆。

酒過三巡菜過五味之後，其中某位賓客掏出了一本電影項目書。

出於酒友之間的情誼以及對藝術的共同追求，桌上在提議「走一杯」之後要求「奇文共欣賞」，一邊聽、一邊掏出手機，一邊「打電話搖人兒」、一邊開始調配資源。看架勢在轉場去下個地兒唱會歌兒之前，應該就能讓各種生產要素聚集起來。

如果你經常跑江湖，你就知道這是一種「酒友互助」，進而認為既然「行走江湖，義字當頭」，那幫助一下一起喝大酒的弟兄絕對是合情合理且值得肯定的。

但如果你從金融投資的角度去看「酒友互助」，這個時候恐怕已經出現了「代理難題（principal-agent problem）」以及「利益衝突（conflict of interest）」。

在金融投資領域，「代理難題」不僅僅是指資金的實際出資人（股東）與資金的管理層之間所存在的直接利益衝突，更是指基於這些差異所產生的各種尷尬後果。

娛樂圈當中直接在職位中寫着自己是「代理人（agent）」的是很好識別「代理難題」的。比如藝人的「經紀人（agent）」那肯定是代理人了。但他們並不是投資方的代理人，而是藝人的代理人。畢竟他們的委託人不是投資方，而是藝人。

如果出現了代理難題，受傷的也往往是藝人。

你自己不是藝人，就沒必要操心。

而娛樂圈中那些雖然沒寫着「代理人」，卻和對應藝人的名字寫在同一個戶口本裏的人，也肯定是不會替你這個「外人」負責的。按照中國的戶籍制度，一般只有「配偶、子女，直系血親或三代以內旁系血親」才會寫在同一個戶口登記簿裏面。而按照江湖的常理，哪怕他們從未分享過同一個戶口本，而只是在抽象的族譜當中屬於「五服」以內，那他們的利益選擇也一般都是更傾向於其親人的。

跟其他的另類投資一樣，「裙帶關係」在娛樂圈裏是不可能避免的。你要是特別介意，那就乾脆別參與任何類型的另類投資。

可如果你熱情地雇傭了別人家的「實在親戚」來充當你的代理人，還繼續熱情地要求他們能夠「幫理不幫親」，那你大概率是要遭遇代理難題的。當你面對這種「砸斷了骨頭連着筋」的狀況之時，如果不能掌握一些博弈論（game theory）的知識，僅僅是憑藉着一腔熱情，是根本無法扭轉局面的。

但即便你恰巧與大明星沾親帶故，你也很難擴展業務範圍。

因為只要你想做大做強，馬上就會遇到 DNA 不兼容的問題。雖然江湖人士都彼此稱呼為「兄弟」，但人類 DNA 的相似性卻不會因為口頭稱呼的變化而發生改變。即便你真的是影視世家，也不可能和行業內的所有人都沾親帶故，更不可能永遠只和自己家的實在親戚做生意。一旦離開了「DNA 保護圈」，你還是得進一步完善自己的市場結構設計（market structure design theory）能力，以調動不同利益板塊在競爭中實現合作。

這都要求你提高自己的專業性。

在娛樂圈當中，「明星的經紀人」以及「明星的親屬」時不時就會因為各種奇奇怪怪的原因把事情搞砸，讓明星感受到代理難題，那都是因為專業性不足。而當你明白金融專業考試的命題範疇其實總要包括「職業操守」這個考試科目的時候，你就會知道娛樂新聞裏出現的那些實在親戚和代理人聯起手來，通過算計自家明星而放大自己利益的狗血事件，歸根結底，還是因為專業性不足。

專業性不足而熱情有餘，最後都難免演變成災難。

但那都不是你作為一個剛剛加入酒友互助會的新手所能操心的事情。

你現在需要關注的，是存在於喝大酒之後的「砸錢」環節裏的代理難題。

按照生物學的基本原理，無論一個人的個人能力有多麼強，他的線性時間始終是有限的，不能甚麼事兒都親力親為。針對這個問題，秦始皇想出來的方法是尋找「長生不老藥」來增加自己可支配的線性時間。但經濟學家卻想出了一個「比較優勢原理」來幫你做取捨，讓你將自己的一部分資金、權利與義務委託給一些代理人，你就可以在有限的時間內專注做更有「效益」的事情。

這個「效益」，可以是經濟效益，也可以是生活效益，更可以是抽象的「幸福效益」。但在這個過程中，只要你是資金的提供者，那你肯定就是「委託人（principal）」，而替你運營和管理這些資金的人就是金融學意義上的「代理人」。

你出錢雇傭了代理人，肯定是希望這傢伙能夠盡心竭力地為你的投資回報率負責。但代理人也是社會經濟活動的參與者，照樣也有資格成為一個經濟學意義上的「理性經濟人（homo economicus）」，那就肯定也會有他自己的利益取向。

在這個過程中，代理難題就無可避免地產生了。

在正規的金融語言當中，研究是否能「砸錢」一般被稱作「投資決策」。而那些將融資路演 PPT 轉交給你的好酒友，無論他們是不是想幫朋友一個忙，他們其實都已經成為了金融學意義上的「投融資代理人（financial agent）」。

在娛樂圈裏，「項目」總是要從藝術家那裏被賣給投資人的。那麼從「買賣」的角度分析，代理人其實應該分為買方代理人（buyer's agent）、賣方代理人（seller's agent）以及表見代理人這三個大類型。

替投資人服務的肯定就叫做買方代理人，而替藝術家爭取利益最大化的就是賣方代理人。而表見代理人則當然要包括投資人身邊熱情的「親戚朋友」以及「親兒子」，同時也要包括藝術家周圍的各種「七大姑八大姨」以及「親爹」。

娛樂圈的眾多表見代理雖然未必獲得了實際的授權，但既然所有人都知道他們是投資人的「髮小」、「鐵哥們兒」、「小舅子」，又或者是明星們的「實在親戚」，那當他們號稱自己可以代表投資方或者大明星的時候，江湖人士大概率是要相信的。

在金融學當中，代理人是要為委託人服務的。而當委託人的身份不同的時候，代理人的利益偏好就肯定不同。

搞清楚了這些事情，你就可以區分一下那些將融資路演PPT遞到你手上的好酒友究竟是誰的投融資代理人。而幫助別人完成投融資這件事，在金融領域是要收費的。

無論是「投資顧問」還是「融資顧問」，按照乾隆年間就定下來的《梧桐樹協議》的規矩，統統都可以被稱為FA或者「財務顧問」，都有資格向對應的委託人收取服務費用。

那就肯定應該要區分清楚其委託人究竟是「買方」還「賣方」。

現在娛樂圈內常見的信息交流方式，是賣方向眾多潛在的投資人發出電影項目書，然後買方針對這些文件進行項目審核。如果我們從金融投資的角度去思考，所有的電影項目書在本質上都是賣方提交的銷售宣傳文件。無論文件的技術有多麼花枝招展，文案寫成甚麼樣子，這些項目書裏面對於影片的評價都只能算是無牌照的賣方分析師（sell-side analyst）出具的純個人觀點。這些內容在法律層面頂多能算作是在行使「言論自由權」，完全算不上金融法規當中所說的「投資建議」。

如果你都已經有錢且有膽量投資電影了，那你恐怕就應該具備一定的信息檢索能力和調研能力。一部電影少說也需要幾千萬投資，哪怕你只是負責其中一小部分的投資份額，你也起碼應該搞來一套向買方負責的「買方分析報告」。

但殘酷的現實是，很多「有錢任性」的投資人都忽視了這件事。

不知道是不是因為影視娛樂行業的大多數「霸道總裁」都在忙着喝大酒，導致大部分陪着喝酒的高管們也都無暇進行文字閱讀。娛樂圈裏，「看 PPT 與讀劇本」這兩個非常重要的環節經常會被分發給那些剛入行的初級員工。這就直接導致了「月薪三千的員工」在審核「每一集編劇費都要三十萬元起步的劇本」，並且利用自己的行政話語權來給編劇們提意見，讓藝術家們感到「生不如死」。

如果你也覺得這種狀況非常不合理，你就應該冷靜下來並向後退一步，從金融投資的角度重新觀察一下這個過程。

電影項目書是如何到達投資人手中的？

恐怕應該是製片人自己或名義上是好酒友而實為 financial advisor 的金融顧問遞給潛在投資人的吧？那麼如果同樣一份電影項目書，有 N 個人都在向至少 N 個潛在的買方同時推薦，就證明這肯定是一種「非獨家 FA 服務（non-exclusive FA）」類型。

在娛樂圈裏，大部分的非獨家 FA 都不可能有白紙黑字的授權委託協議。

所以酒友互助就肯定是在假裝「給朋友幫忙」的同時，也在假裝「提供 FA 服務」。而當你問出「你到底是在給誰幫忙」這樣的問題時，得到的答案肯定是「大家都是朋友，分這麼清幹甚麼」。

可你為甚麼不去搞清楚呢？

想回答這個問題，我就得請出 2009 年諾貝爾經濟學獎得主，奧利弗 · 威廉森。這位老哥現在也被稱作是「新制度經濟學（new institutional economics，NIE）」的創始人，他的研究方向恰恰就是企業的結構與「霸道總裁」們企業能力的邊界。

在奧利弗 · 威廉森的研究中，他發現很多霸道總裁都錯誤地將公司的「運營成本」當做了「交易成本」。而放進娛樂圈的實踐中，那就是大佬們經常錯誤地認為既然自己的公司需要完成「投資決策」這種工作，那必然是由自己的小弟來完成。絕大部分的高管都認為這種工作費力不討好，所以很自然地會利用自己在公司行政架構（executive hierarchy）當中的影響力將工作壓力層層下放，最終交由自己公司的初級雇員來完成。

在投資公司中，這些初級雇員一般被稱作「見習分析師（intern analyst）」，而在影視娛樂公司，他們一般非常直白地被稱作「實習生」。

奧利弗．威廉森的理論翻譯成大白話其實很簡單：「你別指望你發給員工的那點工資能解決所有問題」。而如果你的公司從來沒有單獨邀請過獨立的第三方顧問來進行項目論證，而一直都是由剛畢業的實習生僅僅憑藉自己的熱情和電影項目書來對項目進行所謂的「專業論證」，那你肯定是從來也沒有思考過甚麼是你砸錢所必須要支付的交易成本了。

專業性不足而熱情有餘，最後都難免演變成災難。

那怎麼辦？

既然你手中的這份賣方路演 PPT 是來自於一個無合約、無授權、無薪酬的三無非獨家代理人，那麼你是否可以直接將其變成為你服務的買方代理人，然後讓你去進一步了解賣方呢？花點小錢賺大錢，或者花點小錢以避免虧大錢豈不是更划算？

而且你甚至可以不花錢。

因為「江湖金融顧問 FA」可以有很多不同的方式來收取 FA 顧問費用。而且江湖 FA 的費用支付方式不一定非得是錢，完全可以是被允諾在將來的項目中獲得一個角色或者崗位，用片酬來支付。當然也可以是記一筆人情債，等到時機合適再支付。而如果你非要在傳統的資產負債表裏找到它，那這筆錢恐怕會是以一筆「或然負債（contingent liability）」的形式存在的。

這不是一本會計學教科書，所以如何記賬其實沒那麼重要。

你需要記住的事情是：只要這個 FA 費用不是由你來支付，那麼這個 FA 的立場就肯定不是為你服務。

如果你從來沒支付過這筆錢，也從來沒考慮過這種費用，那必然的結果就是賣方有 FA，而你作為買方卻沒有。

那對方必然比你還了解你自己的情況。

你必然只能接觸到「對方想讓你知道的事情」，只能相信「對方希望你相信的事情」。

那你必然會被放進一個信息繭房，變成一個「有錢任性的霸道總裁」。

在如此巨大的信息不對稱之下，如果你依然能押中爆款，並且能頻頻押中爆款，那你肯定是沒有進一步學習金融知識的必要了。

3. 《正義聯盟》不會說蝙蝠俠的「頭寸很足」

1939 年 3 月 30 日，DC 漫畫雜誌的第 27 期中出現了一個新的超級英雄，韋恩集團的太子爺布斯．韋恩（Bruce Wayne）出場了，江湖花名「蝙蝠俠」。

這人白天西裝領帶高富帥，晚上蒙面黑衣當大俠，用江湖的語言來描述那可真是「有車有房，父母雙亡，有錢任性，東忙西忙」。

按照漫畫裏面描述的內容，韋恩集團的老祖宗所羅門・韋恩（Solomon Wayne）是最早一批從歐洲坐船到美國東海岸的移民，住在以紐約為原型的虛構城市「葛咸城（Gotham City）」。這個家族最初從事倒買倒賣和跨區貿易，後來借着工業革命的東風進軍傳統化工、鋼鐵冶煉、機械製造及輪船建造行業。漫畫裏的韋恩家族旗下的韋恩鋼鐵公司，是美國歷史最悠久的鋼鐵廠之一，而他家在東海岸設立的造船廠則是美國最有名的海軍戰艦造船廠。家族事業發展到小少爺布斯・韋恩這一代時已經開始「混業經營」，業務範圍從前面所列的所有產業拓展到了生物化學、食品、航空航天、醫療保健，成為了一個金融學意義上的「多元企業集團（conglomerate）」。

而且他家還堅持不上市，一直是自己賺錢自己投資，也就沒有任何的信息披露義務。這讓小少爺不僅可以牢牢掌握着集團的控制權，還能想幹啥就幹啥。

漫畫肯定是瞎編的，但上面家族史裏描述的「最大」、「歷史最悠久」、「東海岸最有名」，其實都有真實原型。

這些原型的名字分別叫洛克菲勒（John Rockefeller）、范德比爾特（Cornelius Vanderbilt）和卡內基（Andrew Carnegie）。而這三個家族的產業都曾出現在我們《唐人街探案》系列電影裏面。

《蝙蝠俠》裏的韋恩家族的鋼鐵廠，其實指的就是卡內基鋼鐵集團，而船廠則是《唐人街探案 2》裏作為兇案現場的布魯克林海軍造船廠。范德比爾特家族修建美東鐵路，並建造了紐約中央火車站，王寶強、劉昊然和肖央都曾在那個車站裏縱情狂奔。

至於洛克菲勒家族，則是人類歷史上最早的石油與化工大亨。《唐人街探案 1》當中的泰國是全世界最優質橡膠的主產地，橡膠不僅可以做橡膠手套和避孕套，還是重要的化工原材料，所以洛克菲勒家族及其控制的基金會一直都在這裏深耕細作。這家人不僅建立過人類歷史上最早的壟斷型石油帝國，還修建了紐約市的地標洛克菲勒中心，更出資建立了無數的醫院、醫學院和人體解剖室。這些都曾經多次出現在《唐人街探案》系列電影裏。而洛克菲勒家族為了對自己的石油生意進行風險對沖，還曾擁有過美國最大的煤炭儲運中心。

絕對是妥妥的「煤老闆」家族。

所有在中國混過娛樂圈的人都知道「煤老闆們愛文藝」這個好傳統，在洛克菲勒家族那裏也是一樣。

二戰結束後的 1951 年，約翰．D．洛克菲勒三世（John D. Rockefeller III）寫了一份絕密報告，交給了時任美國國務卿的約翰．福斯特．杜勒斯（John Foster Dulles）。在一份名為《關於美日文化關係的洛克菲勒報告書》（Rockefeller Report On U.S.- Japanese Cultural Relations，1951）當中，他詳細闡述了美國究竟該如何因勢利導地改造日本傳統文化，並把日本社會從《虎！虎！虎！》變成了《唐人街探案 3》裏面的樣子。

具有「鈔能力」的蝙蝠俠，綜合了上面這三個大家族，絕對是妥妥的「煤老闆家的大少爺」。

在一般人眼裏，煤老闆家的繼承者們一般有三大特點，第一是「有錢」，第二是「任性」，第三是「有錢任性」。

那蝙蝠俠先生這三樣可真是都佔全了。

跟蝙蝠俠有關的電影很多，但如果咱們是要談錢，那我特別推薦觀看的是由薩克．薛達（Zack Snyder）導演的《正義聯盟》。這部影片集結了超人、神奇女俠、海王和閃電俠等一眾 DC 宇宙的超級英雄，蝙蝠俠並不是唯一主角。這個版本的蝙蝠俠由本．阿弗萊克（Ben Affleck）扮演，而閃電俠則由伊薩．米勒（Ezra Miller）扮演。

這兩個角色之間有一段對手戲。從劇作的角度說，對主敘事幫助不大，算是個過場戲。但蝙蝠俠的台詞，卻在不經意之間點破了一個金融投資領域的大秘密。

日、銀色的奔馳牌轎跑車，內

一輛車停在兩座大樓中間的街道。閃電俠與蝙蝠俠坐在車內。

蝙蝠俠坐駕駛位，閃電俠坐在副駕駛位置。

閃電俠

你的超能力是甚麼？

蝙蝠俠

（一臉不屑）

有錢。

《正義聯盟》這部電影在製作過程中，薩克．薛達導演遇到了巨大的家庭悲劇，不得不中途離組。雖然這和黑澤明導演在《虎！虎！虎！》中的待遇不一樣，並非「被開除」，而是「因為私人原因自願離組」，但在事實上，薩克．薛達導演同樣也失去了影片的控制權。

製片人短暫慌亂之後，迅速找人來救場。《復仇者聯盟》（*Avengers*）系列的編劇，江湖人稱「尾燈俠」的佐斯．韋頓（Joss Whedon）被任命為替班導演，繼續完成薩克．薛達未完成的使命。

可想而知，韋頓導演需承受多麼巨大的壓力，他的工作難度基本等於是海難救援。但他不負眾望，居然憑藉着現場改劇本和補拍，愣是將這部電影給完成了。可他連個導演署名都沒留下，署名的導演依然是薩克．薛達。尾燈俠真正是按照李白定下的俠客規矩，做到了「事了拂衣去，深藏身與名」（《俠客行》）。

但電影「拍完了」還只是個開頭，後面還得經歷後期製作以及發行放映。在這個階段，薩克．薛達導演和製片人之間又發生了矛盾。

他們就共同關心的「剪輯權」問題，充分交換了意見。

交流是坦誠的，是卓有成效的。

交流的全過程始終是在親切友好的氛圍中進行的。

但是，他們沒有達成一致。

於是《正義聯盟》這部電影，出現了兩個不同的剪輯版本。

觀眾在 2017 年看到的首映版本叫做《正義聯盟》（*Justice League*，2017），那是製片人想要的「製片人剪輯版」。道理很簡單，剪輯權是一種財產所有權基礎上派生出的財產處分權（rights of disposition）。而在荷里活的體系內，製片人是「影片知識產權持有人」這個抽象概念的具體代表，擁有並可授權行使處理與分割對應的財產的權利。

製片人剪輯版的《正義聯盟》上映之後，「鈔能力」這個詞徹底開始流行起來，在江湖上廣受追捧。好像只要你「有錢任性」，你就必然有蝙蝠俠一樣的「鈔能力」。

可電影畢竟是藝術，觀眾還是希望能看到導演剪輯的版本。

這背後的道理也不複雜。在荷里活體系內的電影是藝術創作（creative work），而導演是一部電影的作者（author）。只有經過作者認可的作品才能夠叫做「原作」。

於是在《正義聯盟》首映四年之後的 2021 年，製片人從善如流地又讓這片子出現了另外一個發行版本，非常直白地就叫做《薩克·薛達版本的正義聯盟》（*Zack Snyder's Justice League*，2021）。這個版本並不僅僅是重新剪輯而已，薩克·薛達導演其實又給尾燈俠佐斯·韋頓的補拍來了個補拍，又將 2017 年的原版人馬喊回來重新拍攝了不少新內容，最終上映的片長達到了驚人的 242 分鐘，比 2017 年的製片人剪輯版至少多了兩個小時的內容。

而這次為了保持藝術的純粹性，薩克·薛達導演據說是沒有使用「任何一秒鐘」佐斯·韋頓所拍的素材。

這和黑澤明導演在《虎！虎！虎！》裏面的待遇相比完全是反過來了。

兩個不同版本的《正義聯盟》到底誰更優秀？

從藝術的角度上來看，絕大部分的觀眾都認為導演剪輯版遠遠比製片人剪輯版要優秀很多。

所以你猜製片人會不會覺得很沒面子？

不好意思！製片人好開心。

「我只投資了一部電影，結果賺了兩遍的錢！」製片人砸錢去擁有電影的所有權不是為了「賺面子」，而是為了「賺錢」。

如果你看完兩個版本的《正義聯盟》之後也能承認蝙蝠俠的超能力其實就是「有錢」，那你就得承認「錢」其實也是一種能量，而駕馭這種能量的學問就叫做「金融學」。

但「錢」其實是江湖人士的語言，企業家管這種能量叫做「資金」，經濟學家管這種能量叫做「流動性」。而在專業的金融機構那裏，當錢能夠被算清楚、捆起來、摞起來，變成一大堆錢之後就不能再被叫做「錢」，而應該叫做「頭寸（position）」。

請注意，你自己的錢那才叫「錢」，而銀行、保險公司和對沖基金裏的錢，以及你通過「找錢」和「融資」弄來的錢，都應該叫「頭寸」。

為甚麼叫「頭寸」而不叫做「錢」？

那是因為這些金融機構裏不僅錢很多，同時錢的主人也很多。

作為一個普通人，你放在自己兜裏的錢肯定是你自己的。

但銀行等金融機構裏的錢的所有權卻並不一定屬於銀行自己。銀行的兜裏肯定也有屬於銀行自己的錢，但這些錢也和屬於別人的錢放在一起之後才共同形成了「一大堆錢」。

這就必須得給這一大堆錢起個專門的名字才不會被搞錯。

在華爾街金融機構裏的這一大堆錢一般被稱作 position（「倉」或「倉位」），在中國則一般被稱作「頭寸」。

那為甚麼要叫「頭寸」而不是「寸頭」或者「一寸」？

究其原因，是因為中國現代金融行業剛產生的時候使用的錢大多是銀元和鑄幣。所謂銀元就是「袁大頭」，而鑄幣講白了其實就是硬幣。從古羅馬時期就有將授權鑄造的君主頭像刻印在硬幣表面的傳統。《聖經》當中說的「上帝的歸上帝，凱撒的歸凱撒」就是因為那時候的硬幣上印着「凱撒的頭」。中國現代金融業初期流動的英鎊上刻印着的是「國王的頭」，美元上刻印着的是「總統的頭」，墨西哥比索上刻印的是「老鷹的頭」，而中國自己的銀元上則印着「袁世凱的大頭」。

今天我們盤點自己有多少錢，只需要看看網銀上的數字就行了。但銀行裏面的人如果想要搞清楚自己的銀倉裏有多少鈔票，那肯定還是得用點鈔機。可當年的銀元絕對是不能用點鈔機的。那麼當年的銀行如果想要快速點清銀倉裏到底有多少個「大頭」，最快速的方法不是一個一個地數，而是將規格相同的

「大頭」們摞起來用尺子量高度。

清末民初時尺子上通用的長度單位是「寸」，那麼如果你想知道你的銀倉到底有多少現金量，量一下你的各種「大頭」摞起來分別有多少寸，立刻就知道自己的「頭寸」了。

所以一定要記住，只有你自己有錢，才能叫「有錢任性」。《蝙蝠俠》電影和漫畫裏的韋恩集團是個純粹的私營公司，幾乎沒有甚麼外部股東，也沒有上市。那肯定是「煤老闆家的大少爺」自己說了算。

蝙蝠俠既然是在花自己的錢，那麼無論怎樣有錢任性，別人都沒有資格去評論。但如果蝙蝠俠把韋恩集團搞上市了，然後花着股民的錢去有錢任性，那肯定是不合適的。

在正規的金融領域當中，你自身擁有多少錢很重要，但更重要的則是有多少「別人的錢」願意被交給你來駕馭和打理。你自己的錢確實是可以繼續被叫做「錢」，而由你駕馭的「自己的錢以及其他人交給你讓你幫他們管理的錢」加起來，就叫做你的「頭寸」。

你花你自己的錢的時候，你想怎麼有錢任性都可以，任何人都無權評論。但如果你管理的錢裏面除了你自己的錢還混了別人的錢，那你從今天開始就不能再說自己有錢，而只能說自己的「頭寸充足」。

有錢任性的蝙蝠俠肯定不會說自己的超能力是「頭寸很足」。

可是如果一個人明明是頭寸充足，卻覺得自己也可以像蝙蝠俠一樣有錢任性，那不是愚蠢就是壞。

三 把融來的錢再砸出去！投資決策可不是「有錢任性」那麼簡單

01
「有錢任性」在金融學裏叫「有限理性」

1. 千萬別把「有限投資」搞成「無量功德」

為了實現理想而募集資金的行為其實可以有兩個稱呼。

可稱作「融資」，亦可以稱作「化緣」。

化緣是不能苛求資金使用效率的。古時候的老禪師要是發了願，打算化緣修一座寺廟，那只要修成了就是功德無量，沒有人會苛求規模與氣派。但如果你是希望從資本市場上融資來創業，就肯定得遵守一些使用資金的技術規則。哪怕投資人知道你「找錢」到手之後是要「燒錢大撒幣」，大家也希望你能夠燒錢燒得熱鬧，撒幣撒得漂亮。

這就必然希望你提高資金的使用效率。

可如果你是在化緣，那給你錢的人就是在「佈施」。這是一種非常複雜的社會學現象，並沒有特別清晰的客觀標準。幾乎就是看「施主（patron）」們主觀上的個人感受。既然是做功德，那自己首先得是清清白白，否則就玷污了你懷裏的募捐箱上「功德無量」那四個大字。而且在做功德的過程中，你肯定是不能向施主提出針對自己的「財務激勵方案」的。

但如果你自己做了 GP，那給你錢的 LP 就肯定是在「投資」。

你作為 GP，在完成了「找錢」和「砸錢」之後，整體的搞錢之路其實才走了一半，你還需要去「管錢」和「要錢」，以實現「投後管理」和「套現退出」。

既然給你錢的人叫 LP（有限合夥人），那「有限」二字必然要代表某個具體的客觀金額，而你未來提交的投資回報率（ROR）也得是個客觀數據，不能隨着你的心情來修改。

如果你能提升資金使用效率和投資回報率，那你也大可以在未來的「或然收益（contingent salary）」當中給自己預留一份「管理層激勵（management incentives）」。而在電影行業裏，這就叫做「製片人後端分紅（producer's backend bonus）」。

但在之前的時代中，不少的電影人在不算短的時間裏使用的方式卻都是「化緣式融資（patronage financing）」，屬於雙重標準，混合動力。不僅從來不提後端分紅，還總是假裝自己是在「為藝術獻身」。

這種方法在「募集資金」和「投資決策」的時候可能挺管

用，但等到「投後管理」的時候必然糊裏糊塗，而等到清盤算賬去「要錢」的時候，就會無法說清到底能否「套現退出」，這就在事實結果上硬生生地把主觀上的「投資人」給變成了客觀上的「施主」。

這當中的差異，還是在於你到底是否明白你「募集資金」是要幹甚麼。

你當然可以說你「找錢」是為了「拍電影」。

但如果你還記得「製片人（producer）」這個詞在經濟學當中就是「生產者（producer）VS 消費者（consumer）」中的商品的抽象「生產者」的綜合，你就得知道電影這種特殊產品的「生產、銷售、交換、分配」全都和你有關。

而「拍電影」的「拍（shoot）」這個動詞，其實只是整個 production 全流程當中的一個小部分。你天天說自己是個「電影人」，但卻只強調自己的工作是「拍電影」，那必然無法對「宣傳營銷」和「發行放映」給予足夠的重視。而如果這兩個環節不給力，項目整體的投資回報率肯定不會理想。

從金融投資的角度看，其實每個電影都可以被看作是一個「創業企業」，那麼「劇本」其實就是「簡式商業計劃書」。而基於這個商業計劃書或者融資路演 PPT，你還要思考需要使用甚麼樣的其他資源才能夠完成對應的生產任務。

如果你連劇本都沒有，純粹憑藉在喝大酒的過程當中談情懷就能找到錢，那你肯定是「天賦異能」。但如果你除了劇本之外啥都沒有，僅僅憑藉畫大餅居然也能找到錢，那你絕對也算得上「幸運錦鯉」。

畢竟按照金融投資的規矩，哪怕你募集資金僅僅是為了「拍電影」而不是「賣電影」，那起碼得編制一個與結果相對應的「資金使用計劃」才行。這套東西最簡單的狀態至少得是一套詳細製片計劃以及與之相匹配的詳細預算表。

可是電影從融資開始與資金到位之間總是存在一個「時間錯配」。

你肯定是得讓藝術家先到位了，才能夠做出拍攝方案，進而才能使劇本中的目標被結構化分解成一個個細分的生產計劃。但在這個過程之前，你必須消耗大量資金才能給對應工作人員提供現金支付，否則你就成了「畫餅充飢」。

而按照老江湖們定下的規矩，願意陪一個新手「畫大餅」的人，無論數量和質量都不會很理想。

「生產計劃」這個聽起來很簡單的詞是需要豐富的過往經驗以及對未來的清晰預判才能完成的，絕不是靠拍腦袋就能夠搞定。所以如果你能夠拿出真正的詳細預算表，其實應該已經花掉了不少現金了。

但你在這時候其實才剛剛開始「找錢」，所以手裏根本不會有甚麼現金。

這就出現了資金需求與工作任務之間的「時間錯配」。

但沒錢又不能做電影，所以在補上對應的金融知識之前，同行們確實只能不斷渲染藝術追求的至高無上。

專業的製片人要能對影片的製片需求有清晰的預判。但無論製片人多麼的有經驗，也都不可能真正掌握所有部門的所有職業技能。這就意味着製片人如果真的想要基於科學計算來完成詳細製片計劃及對應詳細預算表的編制，一定得先雇傭一部分核心主創人員來進行大量的前期工作，並提出詳細的製片需求。

但你要想雇人幹活那就必然得付錢，這是天經地義的「江湖規矩」。

可從你開始找錢到資金到位之間總是會有一些時間差。而除非你已經掌握了「乾坤大挪移」的本事，否則你肯定是無法把後天的錢提前挪到昨天去花掉的。

但從金融投資的角度看，這種找錢與砸錢的任務之間所存在的時間錯配，其實是個並不複雜的「套期保值 (hedging)」問題。可很多製片人的業務模型基本上都是「等錢來開機」，自身並沒有存量資金池，根本無錢可付。而如果他們連開機的錢都沒有，當然就更不可能有錢雇人做出一個研究「如何花錢」的詳細預算表。

這就在事實上變成了一個「先學金融，還是先做電影」的困境。

怎麼辦？

從實際操作和解決問題的角度來看，「先學金融」所需要耗費的時間漫長，而且即便開始學了，能不能學會還不一定。那肯定還是「先做電影」比較實在。大不了就使用祖師爺傳下來的傳統古法——拍腦袋，來框定一個預算的大範圍，弄來了錢再說。

傳統古法雖然精準度不高，但聊勝於無，起碼能夠完成「找錢」這個任務。

這種「倒推」式的預算編制方式雖不是一個最優解，但卻是一個可用解。

而且為了防止出現系統崩潰，傳統古法必然要在資金系統中預留大量的「安全性冗餘」設置，然後在執行的過程中逐步減少並取消這些冗餘，直至將錢徹底花光。

用江湖的話說就是要先「多報預算」，然後「狂花預算」。

毫無疑問，這種冗餘設計一定會讓你的投後管理變得非常狂野。但對於中小成本的影片製作來說，這種可用解雖然效率不高，但肯定是可行的。

可是當傳統古法拍腦袋被使用到高成本的複雜影片製作當中時，就會讓大量的結果不可控。因為真正的藝術家之所以是藝術家，肯定是因為他們「永不滿足」且永遠都只能「止於至善」。

這翻譯成投資管理的語言就是「成本增速」在藝術投資領域中永遠都超越「融資增速」。

預算多了，藝術選擇也就多了，並且會出現很多從來沒有過先例的選擇。而如果沒有任何先例，那可靠性自然無從考量，出現「計劃超期」和「預算超支」就沒啥奇怪了。可是一旦製作預算超支，如果可預期的銷售收入不變，就必然會壓縮「宣傳營銷」和「發行放映」的費用，影響後續任務的成果。而一旦你的錢已經花光了電影卻還沒完成，那麼你需要儘快找來「接盤俠」追加預算，否則就等着你的影片變成「爛尾樓」。

一旦爛尾了，你的投資就肯定無法「套現退出」。

這時候無論你主觀上怎麼看自己，你都是個「施主」而不是一個「投資人」。

而如果你一開始買的就是這種偽裝成「股權」的「贊助」，而不是用所謂「固定回報」偽裝而成的「債權」，你能做的事情肯定不是大喊「欠債還錢」，而是大喊「功德無量！功德無量！

功德無量啊！」

2. 「化緣式融資」背後的「有限理性」現象

從金融投資的角度看，想要處理好「化緣式融資」所存在的問題，首先是解決「找錢」與「管錢」之間存在的時間錯配，這是個並不複雜的「套期保值」問題。

但在提供解決方案之前，我們還是得先研究一下「功德無量」為甚麼會頻頻發生。

不要覺得只有影視娛樂行業才有「功德無量」，在金融投資領域，這種事兒也每天都在發生，而且發生的頻率居然已經高到了有專門的金融學詞彙來描述對應的慘狀。

這兩個專業詞彙分別叫做「計劃謬誤（planning fallacy）」和「鄧寧－克魯格效應（D-K Effect）」，都曾獲得過諾貝爾獎。

「計劃謬誤」是 1972 年時由阿摩司．特沃斯基（Amos Tversky）以及丹尼爾．卡尼曼共同提出的。他們在那一年發表了一篇名叫《主觀可能性：對代表性的決斷》（Subjective Probability: A Judgment of Representativeness，1972）的文章，第一次從學術的角度將「爛尾樓」現象進行了研究。

在這篇論文發表之前的古典經濟學家們，曾經長期認為人類是「有理性（rational）」的，所以，人類社會作為整體，在參與經濟生活時也都必然是「有理性」的。有理性的人如果看到商品價格變得特別浮誇而虛高，大概率會決定不買。商品沒人買，那麼價格必然會回落。而有理性的投資人在看到生意虧損時就會停止投資。對應的企業無法融資之後沒錢了，自然就會破產倒閉，發生新陳代謝。

但特沃斯基和卡尼曼都不是學古典經濟學出身的，壓根沒有老派經濟學家的思想包袱。這兩位原本的研究方向是社會學與心理學，完全是換了一個全新的視角來觀察人類的經濟行為。

他們認為，「人」作為社會的動物，是受社會整體環境影響的，每一個參與社會經濟生活的普通人，由於視野與能力所限，所擁有的「理性」都非常「有限」。而眾多的「有限理性（bounded rationality）」混在一起之時，表現出來的結果往往都是「有錢任性」。

「有錢任性」，指人們對完成複雜任務所需要耗費的時間、金錢等資源估計不足，導致實際任務完成時所耗費的時間、金錢與精力遠遠高於任務開始前的預判。

而這種現象的出現，主要由下列四種原因導致：

1. 過度自信；

2. 過度樂觀；

3. 相信「例外原則」，認為自己是統計學大量數據中的例外；

4. 主觀上不願意去思考完成任務需要克服的困難性。

這就是「計劃謬誤」理論。

如果將上面的第 1 、第 2 和第 3 點放進江湖的名利場裏面思考一下，就可以想到一個非常有娛樂圈特色的說法，叫做「拿着無知當自信」。

翻譯成古語，就是「無知者無畏」。

這句古語充分說明人類幾千年歷史中積累的「古典大數據」已經可以證明「無知」其實是比「有知識」更容易讓人產生自信的。而很多自信心爆棚的人自信的重要原因，很可能就是拿着「無知」當作「自信」。

可是為甚麼會這樣呢？

巧的是，又有兩個另類的諾貝爾獎得主給了我們答案。

1999 年，美國康奈爾大學的兩位教授賈斯汀 · 克魯格（Justin Kruger）與大衛 · 鄧寧（David Dunning）進行了一系列的人群實驗，用來研究與分析那些信心爆棚到令人尷尬的「懂王」。

在嚴格遵循科學實驗的原理與規則，並對實驗數據進行認真統計與靠譜分析之後，他們寫下了一篇非常認真嚴肅的論文，並憑藉此研究獲得了 2000 年的「搞笑諾貝爾經濟學獎（Ig

Nobel Prize)」。

這論文的名字真的像網絡帖文的標題一樣長：《不光技能缺乏而且渾然不覺：論無法正確認識自己的能力不足是如何導致了自我評價的膨脹》(Unskilled and Unaware of It: How Difficulties in Recognizing One's Own Incompetence Lead to Inflated Self-Assessments)，闡釋了「越無知越自信」的真實原因。

不要笑！

這是一篇非常正經的學術論文，發表在美國心理學研究會出版的專業學術期刊《性格與社會心理學研究》(*Journal of Personality and Social Psychology*) 1999 年 12 月號上面。這本期刊 Pindex 指數是 0.796，影響因子是 5.031，絕對是妥妥的學術核心期刊。

這篇文章徹底揭秘了為甚麼有些人博學多才卻很不自信，而另外一些人明明是在拿着無知當個性但卻渾然不覺，一直都是自信滿滿，毫不尷尬。

為了讓奇文共欣賞，我將原文脫水濃縮之後的論證結構羅列如下：

因為：

從定性研究來看，能力不足的人無法正確認識到自己的能力不足。

從定量分析來看，能力不足的人根本無法知道自己的能力到底有多不足。

所以（1）：

能力不足的人無法識別出真正有能力的人。

能力不足的人也無法判斷真正有能力的人的能力水平。

所以（2）：

能力差的人肯定會高估自己的能力水平。

能力差的人只有在提高自己的能力水平之後，才會發現自己之前的能力不足，並正確認識自己的水平。

總結成一句話：

「無知」絕對是要比「有知識」更容易讓人產生自信。

鄧寧與克魯格用自己名字將這種現象總結為「鄧寧－克魯格效應」，在心理學與行為經濟學當中廣為流傳。

請注意，我舉這個例子可不是為了嘲笑別人，而是為了提醒自己。因為在很多情況下「能力」都只是一個比較出來的相對值，而不是絕對值。當我們都感受到自己對與某一事物產生了超級自信的看法，感覺到周圍的所有人都很無知的時候，那其實就已經很危險了！

而這種情況在娛樂圈裏的症狀特別明顯。

畢竟影視娛樂行業是一個名利場，而名利場就必然有「抬轎子」的江湖傳統。

所以每當有一個新的江湖大佬出現，立刻就會有一群江湖兒女圍上去批量貢獻崇拜與讚美，溜鬚拍馬抬轎子。而迷迷糊糊上了轎子的各種霸道總裁，如果不強迫自己清醒一點，很快就會覺得「老子天下第一」，沉迷自戀之中而不可自拔。

所以當我們在現狀中感到異常自信的時候，真的應該思考一下，自己這種特別外化的自信究竟是真的因為自己能力超強？還是因為現狀環境實在太差，已經讓我們徹底缺失了正確認知，進而產生了「盲人摸象」的自信呢？

如果別有用心的人刻意營造了一個「信息繭房（information cocoon）」，並把某個具體的人塞進去，就可以把人類群體全都不可避免的「有限理性」轉換成針對具體的人的「有錢任性」。

而只要有人有錢任性，那麼肯定會有另外的人搞「擊鼓傳花」。

3. 「擊鼓傳花」背後的門道叫「前景理論」

雖然所有投資人對「超支」都深惡痛絕，但當影片預算真的出現了巨量超支時，事情反而變成了另外一副樣子，變成了典型的由有限理性匯聚而成的有錢任性。

導演拖延一週沒有交片，投資人肯定得跑來「談談預算」，雖然臉色和脾氣都不會太好，言辭會很激烈，甚至有可能是不太理性的。可是當生產計劃嚴重拖延，製片預算嚴重超支，影片投資的超支部分已經刺穿大氣層時，所有人反而冷靜了，變得有理性，紛紛跑過來想要研究有效進行成本控制的方法論。

而當大家發現所謂的成本控制體系其實早就已經崩潰，影片超支部分真的已經要爆炸了的時候，投資人們卻幾乎全都願意「含淚追加投資」。

「只要能夠把片子交了上映就行。」

於是「投資」就這樣變成了「功德無量」。

但這不是個笑話，這是個實際問題，預算確實已經徹底花光了，影片製作的確還不到一半。親愛的投資方代表們，請問咱該怎麼辦？

選項：

A 含淚追加預算。

B 將項目轉手賣給其他更加不理性的接盤俠。

選 A 的操作方法就是「打錢」，但這需要你具備頭寸充足這個客觀條件才行。

而B的具體實踐方法則需要你能「渾水摸魚」。

於是你會發現有人會將根本不具備盈利能力的項目炒得熱火朝天，讓所有潛在買家的收入預期都被扯到一個超高位置，先把水攪混。然後遵循江湖古法抓緊時間「趁着渾水好摸魚」。只要仍然有人覺得某個戲能賺錢，肯定就可以趁亂打包賣給接盤俠，開啟「擊鼓傳花」模式。

所以中國電影市場在很長一段時間當中都存在着一種奇怪的現象：不理性的參與者，將內行人看起來完全沒有可能盈利的項目，打包後加價賣給其他更加任性的參與者。

他們的主要業務模式就是製造噪音，擊鼓傳花，然後從中盈利。

但擊鼓傳花這個遊戲，總會有鼓聲停止的時候。

鼓聲停止時，如果影片已經製作完成，那大家就可以等待票房結果，哪怕是「劇院一日遊」，大家也能各自計提投資損失。但如果鼓聲停止的時候，影片仍然沒完成，但預算卻花光了，那些還沒有套現離場的投資人就會覺得自己「被綁架」了。

不繼續追加預算肯定是血本無歸，但追加預算了之後卻有可能是更大規模的血本無歸。

而關於「被綁架」這件事，諾貝爾經濟學獎得主丹尼爾·

卡尼曼以及夥伴阿摩司．特沃斯基其實也有非常詳細的理論分析。他們的經濟學細分領域是經濟學、金融學、社會學與心理學所共通的一個分支，目前已經被學術界歸類為「行為金融學」，屬於金融學研究當中的交叉學科。

傳統金融學傾向於去支持一種所謂「市場有效性假說（efficient market hypothesis，EMH）」，這種假說由美國著名經濟學家尤金．法馬於 1970 年提出，在這種假說當中，法馬認為金融市場具備理性調整的自癒能力。所以那些敢於在金融市場中犯糊塗亂來的有錢任性的參與者，都會被殘酷的現實毫不留情地擊潰並退場。

這套假說在已經比較完善的華爾街市場架構下聽起來好像有點道理，所以尤金．法馬先生在 2013 年喜提了諾貝爾經濟學獎。但以丹尼爾．卡尼曼以及夥伴阿摩司．特沃斯基為代表的行為經濟學家們卻壓根不認為金融市場參與者都是理性的。但無論是「不理性」的行為還是「有理性」的行為，匯聚在一起之後其實都是「有限理性」，都同樣會影響金融市場的瞬間狀態與最終結果。

以前的中國電影投資市場，肯定是不怎麼符合市場有效性假說的。

曾經的江湖裏雖然資金水位很低，但卻是「池淺王八多，遍地是大哥」。

各種有錢任性的江湖大佬是根本沒心情聽你講甚麼有限理性的。

而卡尼曼和特沃斯基認為，既然市場是由人組成的，而人都有自己的弱點，那麼絕大部分的人就都未必是理性的。

基於這個前提，他們證明了人們在面對確定性的損失時，其實更偏愛選擇去追求更大的風險，而不會選擇冷靜地止損與善後。

翻譯成「江湖語言」就是在說當人們面對所謂虧錢的確定性時，其實更偏向於去相信加大投資，「搏一搏，單車變摩托」。但在面對已經賺錢了的狀況時，反倒是有規避風險的偏向，俗話說就是「見好就收」。

而這套大白話，就是特沃斯基和卡尼曼在 1979 年聯合發表的論文《前景理論：在風險壓力下做決策的分析》的核心。

「前景理論」放在作為買方而感到自己被綁架的電影投資人面前時，會是下面這個樣子：

前提：

電影已經發生嚴重超支，成本系統失控。

預算花完了，片子交不出來。

徹底不交片的話等於之前的投資全都打水漂了，這是絕對「確定一定以及肯定」的損失。

選項：

A：不追投資了，認倒霉，安排財務記賬計提確定的虧損。

B：再追加一些投資，安排會計記賬成庫存，把片子做出來上映，說不定還能賺錢。

C：起訴製片方，追究其超期與超支責任，前期投資計作應收款。

阿摩司．特沃斯基與丹尼爾．卡尼曼提出預判結果：在確定的損失與不確定的風險面前，絕大部分人選擇風險。

所以在現實世界裏，絕大部分的電影投資人選擇B，追加投資。

為甚麼不選C？

因為絕大部分的獨立製片方，根本就不具備返還投資款或者自行墊資繼續完成影片製作的經濟實力，項目公司法定破產後廢債就徹底廢了，而且一旦人民法院的判決被公開，一切都會「真相大白」，那就徹底不可能再有下一輪接盤俠入場了。

所以將前面的選擇題從作為項目賣方的角度重新做一遍的

話是這樣的：

前提：

賣方自己根本沒預計到整體製片難度這麼高，預算花完了，片子整體交不出來。

徹底不交片的話等於之前的投資全都打水漂了，自己會嚴重違約，信用破產。

選項：

甲：按照合同，投資方確實不應該追投資了，但自己也不具備繼續投資的經濟實力，項目夭折，項目公司法定破產。

乙：誇大對未來盈利的確定性，想盡一切辦法說服買方修改合約，再追加一些投資，把片子搞出來上映。只要搞出來了，自己名下就多了一部作品，多了一部作品是確定的收益。

丙：讓買方感受到自己和項目公司都無法承擔超期與超支責任，背水一戰。

阿摩司·特沃斯基與丹尼爾·卡尼曼基於提出預判結果：在確定的損失與不確定的風險面前，絕大部分人選擇風險；在確定的收益和不確定的風險面前，絕大部分人選擇確定的收益。

於是現實世界的結果是：絕大部分的項目賣方說服買方追加了投資。

有很多立項之初就必定是「爛片」的電影之所以有人投資，就是因為這些起始投資人壓根就沒打算等到影片上映之後才套現退出。他們從最一開始就打算在影片上映之前將影片的投資份額轉手溢價賣給其他的投資方。

在娛樂圈的江湖裏，這種商業模式一般就叫做「擊鼓傳花」。

你說巧不巧？

在金融領域，這個模式居然也同樣被叫做「擊鼓傳花」。

02
「江湖投資」的奧義是「博弈論」

1. 想學「分蛋糕」最好先學「初代博弈論」

藝術家們都瞧不起不懂藝術的人。

但藝術家更瞧不起的是「其他的藝術家」。

「文人相輕，自古而然」。

當你決定「砸錢」之後，把一大群藝術家混在一起，彼此之間必然會牽扯出各種複雜的利益衝突，勾心鬥角是太正常的事情了。

在我們江湖人士的口中，這個過程叫做「管錢」。

但在金融投資領域，這叫「投後管理」。

而且「勾心鬥角」其實也是老百姓的說法，數學家和經濟學家們管這個叫「博弈」。

2001 年，荷里活推出了一個數學家的傳記電影《有你終生美麗》（*A Beautiful Mind*，朗．霍華德導演），在橫掃票房且得獎無數的同時，還向大家介紹了一下究竟甚麼是「博弈論（game theory）」。

電影的原型約翰．納殊先生，將「勾心鬥角」這四個字的理性衡量標準寫成了一份僅僅有 28 頁稿紙的論文。雖然寫完之後沒多久他就進入「有你終生美麗」狀態了，但就是這僅有 28 頁的關於博弈論的稿紙，讓他在精神疾病未徹底痊癒的狀態下獲得了 1994 年的諾貝爾經濟學獎。

納殊先生的博弈論內容，很多人都已經寫過無數文章，每一篇都是真知灼見，所以我就先不在這裏討論如何實現「納殊均衡點（Nash Equilibrium）」了。納殊的理論的最佳應用場景是「零和博弈（zero-sum game）」，而在娛樂圈的現實世界當中，除非真的遇上有人在搞「雙向大做空」，大部分的人際關係都還不至於發展成「你死我活」。

但當你把「理性經濟人」這個假設放進娛樂圈，就會發現大部分江湖兒女都未必能在利益衝突面前保持理智。而「藝術家氣質」在很多情況下都有可能被理解成有「捨生取義」的傾向。那麼製片人的工作除了防止「文人相輕」演變成「零和博弈」之外，還必須要確保萬一真的出現問題了，也能夠快速找到納殊均衡點，給自己的投資上一份「雙層保險」。

這就不得不從頭研究一下「博弈論」。

大道至簡，返璞歸真。

雖然大部分人聽說博弈論都是因為《有你終生美麗》，但博弈論並不是約翰・納殊最先創立的。這套「勾心鬥角」理論創始人是另一位天才數學家，也叫「約翰」，他的全名是約翰・馮紐曼（John von Neumann）。

馮紐曼在 1928 年時發表了一篇名為《起居室遊戲理論》（Theory of Parlor Games）的論文，研究了人們在進行博弈遊戲時的心智思考模型。

他在論文中設計了一種博弈遊戲，讓兩個小孩子分同一塊蛋糕，省去數學公式的話，具體的遊戲過程聽着有點像繞口令：

從前有兩個小孩分蛋糕，

第一個小孩負責切蛋糕，

第二個小孩負責挑蛋糕。

倆小孩都特別愛吃蛋糕，

倆小孩都想要大的蛋糕。

第一個小孩舉刀切蛋糕，

第二個小孩肯定會挑選切的比較大的那一塊蛋糕。

第一個小孩知道第二個小孩肯定挑比較大的蛋糕，

但還是想給自己留一塊大點的蛋糕，

可是他也知道自己不能先挑蛋糕。

請問，第一個小孩究竟該怎麼分這個該死的蛋糕？

這就是第一代「博弈論」。

約翰·馮紐曼認為，既然第一個小孩知道自己肯定不能挑選大的蛋糕，那最好的解決方案就是把自己的這塊小蛋糕儘量切得更大（bigger）一些。但不能大得太明顯，因為一旦讓人發現更大，就會被第二個小孩搶先挑走。

最終的最優解決方案，就是第一個小孩要儘量秉承公平原則，將兩塊蛋糕切成一樣大小。

約翰·馮紐曼將這個解決方案，稱作「最小最大解（minimax solution）」。

這可以被看作是最原始的「博弈均衡點」。

初代博弈論的最小最大解從理論上證明，如果只有兩方進行博弈，那麼從數學的角度看，秉承公平原則是最優的策略。

在現實世界當中，一般情況下簽合同都是兩方在博弈。所以切蛋糕的動作就是「擬定合同條款」，而挑蛋糕的動作則是「執行合同的相關約定」。

製片人在做電影的時候，不僅要切蛋糕還要分蛋糕，最後還得挑蛋糕，那就會不斷面對各樣的利益衝突。

這些衝突雖然並不是那麼明確的零和博弈，但遊戲規則的原理也差不太多。因為你「找錢」之後弄來的總數一共就那麼多，如果你給張三的錢增加了「正 X 元」，那就必然得從李四、王五和張麻子的預期收入中摳出來這「負 X 元」。

正負相加，剛好是零，那大家就全都成了山寨版的零和博弈。

雖然製片人總是希望少花錢，而其他主創總是希望多要錢，可電影行業的特殊性卻恰恰在於這個行業有很多東西並不是能用錢多錢少就搞清楚的。這是一個需要用心搞創意的行業，而創意的用心卻是在主創腦子裏完成的。

無論你的合約文本有多麼複雜高級，也得簽約在先，幹活在後，這就導致用「文字合同」的方式將人腦內部的所思所想完全規定清楚成為不可能的事情。

作為買方的製片人確實可以在簽約前想辦法把片酬壓下來，但作為賣方的主創們也完全可以在簽約後出工不出力。當然更可以學習徐庶進曹營，先來個「一言不發」，接着提出「用肉包子打趟雲」的餿主意。

至於其他普通崗位的工作人員，如果你的合同設計存在巨大的不公平，那人家也可以利用自己的「無能」來「殺敵一千萬，自損五毛錢」。他們的崗位工資雖然只有幾百元，但他們當中的任何一個普通崗位只要出錯，造成的損失至少是萬元起步。

如果你還沒有掌握更高級的「市場結構設計」技術，那最好的博弈策略首先是「公平」，儘可能多替對方想想。

可我們影視娛樂行業卻一直都有演變成為「互害社會」的傾向。

所以我在這裏講公平，聽起來真的很像癡人說夢。

但我們可以看一看鄰居韓國，他們在財閥控制影視行業的壟斷結構解體之後，迅速建立了一個相對公平的競爭環境，並依靠這個新的市場結構設計，在短短十幾年裏取得了突飛猛進的成績。

我們果實電影公司剛剛創立的時候，在中國電影圈的行業地位遠遠達不到今日的水平。當時我們為了能夠掌握影片的主控權，曾經雇傭過大量韓國工作人員拍攝以中國為主要銷售市場的合拍電影，並在這個過程中充分接觸了韓國電影人的生意經。

與中國巨大的電影市場相比，韓國主創的片酬金額很低，但卻擁有非常高的利潤分成比例。而且他們的發行結算數據是非常透明的，那就意味着只要影片真的賺錢了，主創的收入必然是能夠大幅度增加的。

這就在提升信息透明度和完善所有權結構的同時提供了降低交易成本的可能性，讓大家願意為「主創分紅」這種只能在合約裏規定的或然收益來東奔西突。

我和韓國電影人做了這十來年生意，最大的感受是韓國人真的是很認真地在研究電影產業的交易結構，並不斷優化對應的投資策略。

韓國和荷里活一樣也有窗口發行，甚至也和荷里活一樣利用「集體談判權」而獲得按照影片長尾收益支付的「酬金獎勵(residuals)」。這就讓他們的電影人可以真正靜下心來認真搞創作，放眼長遠，讓自己影片的長尾效應變得更長。

所以現在的韓國不僅成了電影強國，甚至還時不時就能「進攻荷里活」。

但在我們中國的娛樂圈，雖然票房總量要遠遠超越韓國，但我們的影片收益是沒有長尾的。

俗話叫「一錘子買賣」。

可包括荷里活和韓國在內的發達市場中的影片都有長尾收入。他們的電影人除能夠獲得票房激勵外，還有持續的長尾收入激勵。甚至影片每在電視台播出一回，在網絡上被新點播一次，投資人與創作者都會得到一張新的支票。這錢也許不多，但肯定是一種「財務激勵 (financial incentive)」。

我國現在的國內影視市場沒有長尾也就算了，處於市場支配地位的播出平台甚至聯手推出了壟斷式的「辛迪加協議(Syndicate Contract)」，人為規定了一個影片買斷價格的上限值，給收益加了個蓋子。

在這個蓋子底下，無論一個電影在院線取得了多麼高的票房成績，一律砍成統一價格。

各平台之間不進行任何競價。

卡特爾(cartel)、辛迪加(syndicate)、托拉斯(trust)，是我在中學課本裏學到的「壟斷經營(monopoly)」的三種形態。這三種形態目前在國內影視市場全都存在。

當一個行業完全沒有任何長尾收入的預期，但卻要求從業者有長遠眼光，那肯定是不符合基本經濟學原理的。

而如果你想「搞錢」卻總是和經濟學原理對着幹，那大概率是不會有好結果的。

所以我們看到大量的霸道總裁依靠着自己有錢任性的方法論，帶着大量資金進場，企圖橫掃影視娛樂圈後「一統江湖」並且成為「有權利分蛋糕的話事人」，最終的結果都是「商譽減值」。

背後的原因，恐怕還是因為沒有搞懂最原始的初代博弈論。

2. 我和《唐人街探案》的「納殊均衡」

以製片人為代表的江湖投資人要生存與發展，必須要不斷地和陌生人建立聯繫。這就要求你能不斷地把陌生人轉換成自己人，還必須能不斷去接觸陌生的環境。

在中國境內，這個轉換過程也許是可以通過多搞幾次喝大酒來完成。

但當你跨越國境，進入不同的文化環境，橫跨多個完全不同的司法管轄區之後，只是依靠喝大酒就顯得有些後勁不足。而《唐人街探案》系列電影，由於題材與故事所限，全都需要在境外作戰，需要在全世界範圍內「搞錢」。

這很自然的需要進一步借鑒並使用全球通用的金融投資學理論與實踐。

我的公司參與投資並由我親自擔任製片人的《唐人街探案2》是中國人主投主控的第一部美國工會電影。在這部電影裏我們除了使用大量的美國工會工人，還使用了一小部分華爾街的資金。由於這片子絕大部分的製作都是在紐約市內完成的，而且荷里活根本沒有「美國的國產電影」這個產品分類，所以如果你非要說《唐人街探案 2》是中國人主投主控的第一部荷里活大片，其實也完全沒問題。

美國的工會體系是個特別大的「江湖」，而荷里活的電影工會更可以用「滿天神佛」來形容。如果你想知道其中的門派關係究竟有多複雜，你可以從電影片尾字幕上各種奇奇怪怪的工會代號與工會 LOGO 來入門。

在這部電影之前，中國的電影同行還從來沒有製作過《唐人街探案》這個級別的荷里活電影，甚至也沒有甚麼人製作過工會電影，所以我根本沒有先例可以遵循，也不知道該向誰請教。

我只能帶着江湖好傳統，先和美國人民喝大酒。

醬香型的白酒肯定不行，得換成單一麥芽威士忌。

但為了提高準確度，在這個過程中，除了使用傳統的盡職調查手段之外，我還引入了「交叉審訊（cross interrogation）」和「延遲接受（deferred acceptance）」兩個新方法來落實交易成本。

因為這兩項加起來，就能夠找到博弈論當中的「均衡點（equilibrium）」。

交叉審訊是指我在行走江湖的過程中，通過實踐與各方江湖兒女不斷接觸，分開詢問並分開記錄，將所有人的立場、觀點及其陳述的事實分離出來。

這在江湖上叫做「盤道」。

而延遲接受則是利用自己的江湖經驗與知識，在我傾聽完所有人的陳述之前，先不去驗證個體證言的真假，等數據量達到一定水平之後再使用一些統計學方法來做判斷。

這在江湖上叫做「推一推手」。

前兩個步驟結束之後，彼此都認為對方值得合作，才會真正討論具體合作的財務方案，才有可能就交易價格進行討價還價。

這在江湖上就叫做「講數」。

而從「盤道」走到「講數」的整個過程，其實就是娛樂圈的博弈論。

要盤道，第一步依然是落實經濟學當中的交易成本。

美國的江湖也是江湖，如果你也看過《教父》(*The Godfather*，法蘭斯．哥普拉導演，1972) 或者《愛爾蘭人》(*The Irishman*，馬田史高西斯導演，2019) 這些電影，你肯定知道美國的江湖兒女也都挺喜歡「說一套做一套」。所以如果你是在美國闖江湖，那你就連「眼見為實」都不能相信，更不能相信「道聽途說」。

但無論是眼見還是道聽，其實都可以給你提供一些夾雜着噪聲 (noise) 的信息。而當你接受了「噪聲是不可避免的」這個客觀事實，下一步才能用交叉審訊和延遲接受去「過濾噪聲」。

在《唐人街探案 2》開機之前，我花了將近十八個月在美國各地面試了幾百個不同工作崗位的工作人員，連為劇組提供金融服務的華爾街供應商也都面試了至少十五家。第一助理導演（1st AD）則面試了至少三十人，至於製片主任（UPM）這種細節管理崗位，累計面試了至少一百人。

千萬不要覺得荷里活或者華爾街人士都是道德模範。

任何一個名利場都必然是一個江湖，肯定都充斥着大量的自吹自擂者，甚至是純騙子，荷里活與華爾街不會是例外。而且這兩個地方的騙子，因為表現得更專業，所以破壞力會更強。

跟他們做生意，一定要更加倍小心謹慎。

看似很自由的荷里活，其實非常講究論資排輩。在荷里活最大的工會 IATSE 裏面的所有影片，都會被按照預算規模與製作難度分成從 Level-1 到 Level-4 總共四個級別。其中的 Level-1 是小製作，有一個預算上限。超過上限就會被算作 Level-2，然後以此類推。而 Level-4 的預算範圍是上不封頂的。

Level-1 的錢少，自然工作壓力巨大。而所有的工作人員，都要從 Level-1 開始，逐漸地積攢資歷，慢慢向 Level-4 靠近。而當年的《唐人街探案 2》和《復仇者聯盟》一樣，在 IATSE 的分級裏面都是 Level-4。

經過了多輪次的訪談與認真調研之後，我確認了另外一個客觀事實，之前的中國電影製片人來到美國，與美國工會的接觸都不是很愉快。在荷里活的歷史上，確實也從來沒有任何一部中國人主控的電影項目曾經達到過工會規定的 Level-4。如果我們《唐探 2》想走出這第一步，就必須自己建立一個新的系統。

這肯定是我國電影產業的一個劣勢，但卻可以是我個人的優勢。

沒有先例，那就等於是「雙盲篩選」，荷里活也並不比我掌握更多的信息優勢。既然沒有先例，那無論是熟人介紹的朋友還是純粹的陌生拜訪（cold call），我都可以用同樣的標準進行盡職調查，避免讓自己陷入任何的確定性偏差。

至於建立一個新系統，這更不是甚麼困難的問題。我從小生長在祖國的大西北，在還沒有弄明白「搞錢」是怎麼回事兒的時候，看過的第一本與管理沾邊的書籍就是錢學森的《工程控制論》（*Engineering* Cybernetics，1954）。美國人民確實是懂工程，而且用「曼哈頓工程」造出了原子彈，但我的祖輩在資源遠遜一籌的情況下，照樣也完成了「596 工程」。雖然我自己不是光榮的 596 人，但畢竟被江湖人士稱做「西北搞錢狠人」，那我就一定得證明這套來自大西北的方法論不是浪得虛名。

既然我的確是拿着真金白銀要來紐約完成一個工會 Level-4

的影片，而這件事在之前的歷史中從來沒有發生過，那我在做調研的時候就沒有甚麼問題是「不能問」的，也沒有任何話是「不該說」的，甚至連很多在國內江湖上不能說的話，我也敢於直接擺在桌面上討論。

這大大擴大了我與美國老炮們交流的言論自由範圍。反正我是得徹底從頭開始系統學習一遍美國工會電影的製片管理流程，那我何不拿出江湖人士的坦誠，徹底學會他們的規則、習慣以及潛規則呢？

在這個過程中，我敞開懷抱接觸了大量的陌生人，並且在陌生人發現無法回答我的問題的時候，通過陌生人去介紹新的更加陌生的陌生人給我認識。

經歷了十八個月的時間，喝過了幾百種酒精飲料，品嚐了上千杯咖啡之後；在無數的辦公室、公寓客廳、咖啡廳、機場、酒店大堂和出租車裏完成了好幾百人的「雙向雙盲」面試之後，我得出的結論是：

在荷里活，說甚麼的人都有，每個人都只願意表達他希望你相信的事情。

而且出於不同的利益動機，我面試的這幾百人恐怕也未必都會說實話。

從金融學博弈論的角度看，這不僅僅是「囚徒困境（prisoner's

dilemma)」，更是「審訊者困境 (interrogator's dilemma)」。

但沒關係，有信息交換永遠都比沒信息要好。哪怕是純八卦的信息，也好過沒有信息。

只要有人願意說話，那我就願意認真聽取。

我不光會聽，還會將他們所有人「供述」的所有內容全都詳細記錄下來，然後進行交叉審訊，在不同時空裏進行延遲接受。

針對同一問題，如果 A、B、C 三人表述不一致，那我就會將對應問題提給有不同利益關係的 D、E、F，看他們的表述如何。再將六人的說法合併同類項，並挑選出不同內容。然後如法炮製，將幾百人的「口供」全都記錄下來。

在這樣進行過幾百次面試訪談後，從抽象的角度去思考，其實是等於形成了幾百次交叉審訊的「審計底稿」。只要使用一些邏輯推理手段，對這些審計底稿進行交叉比對，最終就可以復原出一個「無限接近真實」的判斷。

有了這套手段後，面對不說實話的人，我很快就能識別出這種謊言究竟是自吹自擂的小謊言，還是刻意傳遞誤導信息的詐騙套路。

自吹自擂是人之常情，往往代表着對方有極強的願望與我達成交易。這樣的說謊者，雖然有道德瑕疵但瑕不掩瑜，還是可以合作的。只是我需要注意與這些帶着暇疵入場的江湖兒女簽署雇傭合約時別當冤大頭。在委派具體任務時，要注意量體裁衣，絕對不能超出對方真實的能力範疇。

但對於那些刻意傳遞誤導信息的江湖人士，我的建議是一旦遇上了一定要躲遠點。這群人是沒有道德底線的說謊者，他們的套路就是把你放進信息繭房，將刀子磨快了之後找機會「宰人」，大賺一票之後做鳥獸散。

但他們的謊言照樣是信息，我在傾聽謊言的過程中並不需要當場就拆穿對方。因為說謊者為了能行騙成功，往往也會在一些不涉及到他們直接利益的方向上提供一些值得參考的「噪聲情報」，順便也會告訴我一些行業「八卦」。

無論噪聲情報與八卦是多麼的離譜，它們其實都可以被抽象後轉換成「數據」。當你掌握的數據越來越多，只需要使用合適的統計學手段來分析鑒別，就可以將其轉化成「準確情報」。

就這樣面試了幾百人之後，我掌握的數據總量甚至遠遠超越被採訪者。當進入最後幾輪的篩選時，我已經可以使用《飢餓遊戲》（*Hunger Games*，蓋瑞．羅斯導演，2012）一樣的「大逃殺」淘汰法。

大逃殺就是一種最極端的「極限施壓（maximum pressure）」。

在《飢餓遊戲》的劇情當中，參加比賽的人需要找到其他競爭對手的弱點並幹掉對手存活下來。而我最終舉棋不定的時候，也會將同一崗位上的處於競爭關係的雙方的狀況告訴彼此，請應試者告訴我他們對其他競爭對手的看法。這個方法看似殘酷，其實是非常有禮貌且高效的。

這場現實版的飢餓遊戲過後，所有應聘者都知道我是有備而來，他們甚至可以彼此交流對我的看法，並且他們都會感受到我在耗費了大量資源後已經掌握了行業的真實資訊，所以在我面前撒謊已經沒有任何意義。他們都已經明白，我不僅有情報分析的能力與買單的財務能力，還有錄取對應的工作崗位人員的決心與毅力。

而且這種大逃殺並不是只針對別人，也針對我自己。我會明確地告訴所有人，我也是這次飢餓遊戲的參賽者。

因為我除了是出錢的投資人之外，也是管理這個項目的製片人。我會代表所有投資人一起為影片購買「製片監理服務（completion guaranty）」，出資購買「完片擔保（completion bond）」，並邀請第三方製片監理公司對包括我自己作為製片人在內的所有影片工作人員進行監督。如果有任何人能力不濟，都有可能在影片製作過程中被解雇，那就不僅賺不到錢，還可能會淪為行業笑柄。

當然我沒有告訴他們的事情是，我的基金這時已經投資了我將雇傭的完片保險公司，而考慮到保險公司也只是「有限責任公司」，我又讓這家保險公司買了「再保險（reassurance）」。

我的計劃是讓自己的製片公司成為影片的第一道保障，我買的完片保險成為第二道保障，而我給保險公司上的再保險則是第三道保障。雖然中國人跑到紐約去拍《唐人街探案 2》這個電影確實沒有先例，但在金融行業裏買三層保險其實並不是甚麼新鮮的事情。

就在這樣詳細的挑選與準備之後，《唐人街探案 2》在短短的 47 個工作日之內就完成了拍攝工作。與同類型的其他影片相比，這至少節約了一半以上的時間。如果你明白電影人的工資一般是按工作時長來計算的，那你就知道「節約時間」就是「節約錢」。

在《唐探 2》上映之後，我曾受邀在中影、萬達、阿里影業、湖南廣電等很多兄弟公司進行影片全流程的復盤與經驗匯總，毫無保留地將製片信息分享給了大家。但同行們好像都選擇性地忽略了開機之前的「十八個月」，而只記住了那短短的「47 個工作日」。

可你說這開機前的交叉審訊和延遲接受，以及後續的飢餓遊戲、大逃殺與三層保險要不要花錢花時間？

但這些和整體的投資規模相比其實都是些小錢。

你不願意花「小錢」，必然會虧「大錢」。

3. 想和明星談戀愛？那你懂「求偶算法」嗎？

在電影圈要講博弈論，始終繞不過電影《有你終生美麗》。哪怕你對經濟學中的博弈論不感興趣，你也至少可以被影片中所反映出的真摯的愛情所感動。

找人一起合夥創業賺錢這件事，真的非常像是找對象談戀愛。

戀愛的雙方首先要能夠吸引對方，才能夠有共同語言。要相互適應，才能夠組建家庭，以期待長長久久地幸福生活下去。而當兩個人決定生活在一起，就不可避免地要一起處理共同的經濟生活，這就必然會涉及到錢。而如果還沒有生活在一起就計較錢，肯定會讓人覺得不尊重神聖的愛情。

但這恰恰證明合夥創業其實比談戀愛更加艱難。

如果大家一起創業卻「只談感情不談錢」，那大概率是不會有好結果的。

畢竟愛情是非常神聖的，錢是非常庸俗的。

而研究「愛情 VS 錢」的關係將會是一個非常令人不安的敏感話題。

稍不注意就會成為人類公敵，受萬夫所指。

但沒關係，我並不是第一個公開將這兩個概念放在一起研究的人。

史上第一個敢於用經濟學原理去公開研究「愛情買賣」這個問題的人，是一個叫做勞埃德．沙普利的真正的猛士。他名校畢業，才華橫溢，與心愛的人組成了幸福的家庭，後來受國家召喚，穿上軍裝成為了真正的戰士，並成功破解了蘇聯密碼，還依靠博弈論的研究成果獲得了諾貝爾經濟學獎，功成身退。

你可能會覺得上述這些描述很誇張，而且有一部分情節出現在了電影《有你終生美麗》當中。但我寫在這裏的目的不是要為他吹噓，而是想告訴你《有你終生美麗》這個電影的原型並不僅僅是約翰．納殊一個人。那部電影當中至少有一半的劇情都是合併了勞埃德．沙普利的親身經歷與學術貢獻。

勞埃德．沙普利起初在哈佛大學讀書，1943 年投筆從戎，加入了美國陸軍航空隊，並被派駐到了中國四川省成都市的郊區。在天府之國生活的三年裏，他每天負責觀測並預測天氣，為中美兩國的飛行員提供氣象預測服務。在這個過程當中，他還運用數學方法，通過幾個氣象學關鍵詞破解了蘇聯的電報密碼，並在 1944 年獲得銅星勳章 (Bronze Star)。

二戰勝利後，勞埃德．沙普利回到哈佛大學繼續攻讀數學本科，並在 1948 年加入了蘭德公司（RAND Corporation）。這個公司在四十年代的時候基本上被認定是在「跳大神」，對未來的預測全都非常狂野。

朝鮮戰爭爆發之後，蘭德公司很快就預測中國會出兵朝鮮，並且預測美國根本無法在朝鮮戰勝中國。而在當時的美國國內，這兩條都根本沒有任何人相信。

但後來這兩個預測都變成了歷史事實。

讓「跳大神」的這幫人「一戰封神」。

不知道是不是因為親身經歷過兩場戰爭的緣故，睿智且勇敢的勞埃德．沙普利決定用科學方法去直接面對很多大家不願意去正面討論的問題，其中就包括金錢與愛情之間的關係。

1961 年時，他與大衛．蓋爾（David Gale）一起通過蘭德公司發表了研究報告《被大學錄取與婚姻穩定性的關係》（College Admission and the Stability of Marriage）。不僅赤裸裸地將「找對象」與「找工作」放在一起進行了關聯性研究，還研究了「買學區房」與「讓孩子上名校」之間的錄取機制的因果聯繫。

在這篇論文當中，他倆提出了一種新的經濟學模型：當一群男孩與一群女孩相互找對象時，究竟該如何處理才能夠確保每一個男孩都能找到心儀女生並與其牽手成功呢？

愛情是很難琢磨的，男孩和女孩都是需要基於很多完全不同的考量因素進行雙向選擇的。

絕對不是傳統意義上「價高者得」就行。

所有的男男女女都會按心中排序向自己心儀的對象提出配對邀約，但幾乎沒有人會在第一輪次就牽手成功。大家都需要結合各種標準，考察並思考一番。所以勞埃德．沙普利與大衛．蓋爾倆人提出並命名了一個新的概念，就叫做「延遲接受」。他們倆還深挖「愛情買賣」，提出了「男性求偶算法（men proposing algorithm）」，以提高男性找到心動女生的效率。

這是一項偉大的研究，因為延遲接受並不僅僅局限於男歡女愛，很多重要的交易決定都是要經過複雜的論證過程才能夠做出的，都不是「價高者得」就行。

你現在是不是想起來了？

電影《有你終生美麗》裏面約翰．納殊在酒吧「耍流氓」的那兩段劇情是不是也是延遲接受？

沒錯，那劇情就是在展現延遲接受理論指導下的男性求偶算法。

若干年之後，阿爾文．羅思將這套理論進行了發展，提出了基於延遲接受基礎上的「婚配市場（matching markets）」理論，並將其用於很多之前被認為過於神聖，不宜用商品市場的規則去研究但卻又真實存在的「市場」。

婚配市場是一種特殊的市場，專門用來描述那些不適合使用價高者得原則的競爭場景。不僅可以用來描述「大齡男女找不到對象」的婚姻市場，也可以用來描述「張三有病但藥卻已經被醫生開給了李四」的複雜醫療市場。當然還可以用來解決「買不到學區房，小孩沒有學位無法上學」的教育市場。甚至可以用來描述我司頭牌演員肖央主演的電影《誤殺 2》（戴墨導演，2021）當中所描述的人體器官移植的競爭性環境。

婚配市場理論讓這些問題都找到了基於統計學方法論並使用數學計算的解決方案。

但更重要的事情是，婚配市場理論同樣可以用來描述「電影製片人尋找編劇、導演、演員和其他藝術家一起創業」的合夥人市場。

雖然這些都存在高度競爭性，但全都不適合使用價高者得的交易邏輯。

其實你可以試想一下，假如醫療、教育、婚姻，甚至人體器官都是明碼標價並且價高者得的話，那這種社會的存在還有甚麼意義？

如果合夥人也能是價高者得，那人類還有資格被稱作「人類」嗎？

那怎麼辦呢？

解決方案依然是繼續學習金融投資學知識。

勞埃德·沙普利在 2012 年的時候並不是單獨一個人獲得了諾貝爾經濟學獎，與他共同獲得諾獎的人是阿爾文·羅思。

依照他的研究，在婚配市場當中最重要的不是「價格」，而是「市場結構設計（Market Structure Design）」。

別着急，繼續閱讀後面的章節吧。

03 學會「扯八卦」你就懂了「結構設計」理論

1. 娛樂圈「五行八卦」其實都是「交易結構」

所有與我合作過的人，肯定都聽我講過每一部電影的「五行八卦」與「天干地支」。但我的那些言論的玄學成分其實很微弱，真正起作用的還是八卦背後的金融學投資學原理。

我經常說的「五行」，其實指的是影片線上人員權利義務關係之間的制約與均衡。這本質上就是 2012 年諾貝爾經濟學獎得主阿爾文・羅思所提出的「市場結構設計」理論。

不要看到「線上」就覺得是甚麼「互聯網思維」，娛樂圈裏的「線上人員」這個詞在電子計算機被發明出來時就已經被荷里活和華爾街廣泛應用了。在荷里活的預算編制體系內，線上人員只包括製片人、編劇、導演以及主要演員。

除了上述這四個類型，其他的所有人都被歸類為「線下人員」。

荷里活之所以要區分線上與線下，主要是為了編制預算並進行融資。

荷里活工業體系一百多年的風風雨雨，在經歷了行業工會與投資方不斷的角力與妥協後，逐漸形成了將影片預算分為「線上成本 (above the line cost)」與「線下成本 (below the line cost)」兩個部分進行編制與融資的方法。

片酬被放在線上部分的人，就會被稱作「線上主創 (above the line talents)」，而其他的工作人員則會被稱作「線下藝術家 (below the line talents)」。

之所以被稱作「線上」與「線下」，是因為在電影工業早期的預算表編制過程中，電子計算機還沒有被發明出來，各預算科目在進行手工算數求和的時候，運算區域與求和結果之間，要在演算紙上畫出一條「橫線 (line)」。而「線上部分」，指的就是預算表上端部分第一次進行算術求和畫的那條橫線上面的部分。

具體說來，如果我們手頭沒有計算器，要對 1+2+3 的結果進行書面算術求和的話，按照小學生做算術豎式，是這樣寫的：

$$\begin{array}{r} 1 \\ +\ 2 \\ +\ 3 \\ \hline =\ 6 \end{array}$$

所以下次當你聽到「線上成本」與「線下成本」時，請無需聯想甚麼互聯網思維，心中默念「小學算術，小學算術，豎式求和有條橫線」即可。

傳統荷里活工業標準內所謂的線上成本，指的是與影片基礎知識產權及劇本創作相關的成本，以及影片核心工作人員的薪酬待遇及關聯費用。而線下成本，則指的是與電影製作相關的所有其他部分的費用之和。線上與線下兩部分是分別編制預算並分別進行現金流管理的。

需要注意的是，在荷里活工業體系內，「影片主創」和「線上人員」卻並不是同一群人。

除去前面所說的編劇，線上成本中的核心工作人員只有製片人、導演和扮演主要角色的演員這三類崗位。攝影指導、美術指導、聲音指導、造型指導等影片主創當中的「四樑八柱」，在荷里活體系內全都被列在線下成本當中。

這種劃分並不是因為其崗位的重要性不同，而是由不同電影項目全流程分期與工作人員責任分期差異決定的。

每個電影的微觀分期方式可能有所不同，我一般將商業電影項目的全流程大致分為（甲）選題、（乙）開發、（丙）投融資、（丁）籌備、（戊）拍攝製作、（己）後期製作、（庚）宣傳營銷、（辛）分窗口發行、（壬）收益結算、（癸）資產證券化這幾個階段。

而如果我們回顧一下線上成本所涵蓋的範圍：(1) 與影片基礎知識產權及劇本創作相關的成本，以及 (2) 影片核心工作人員即製片人、導演和扮演主要角色的演員的薪酬待遇及關聯費用。就可以判斷出線上預算一般都是在 (丙) 投融資階段之前完成。

那這部分預算的目的其實就是為影片整體投融資提供決策依據。

線上班底的搭配組合，基本上決定了電影最終呈現出的經濟成績的合理預期範圍。而線下部分的表現則決定着影片最終達成的真實結果。

在傳統的荷里活工業體系當中，無論線下部分如何變化，只要線上部分保持一致，就會被投資人認定是同一部電影。相反，即便線下部分完全一致，只要線上部分變化了，就會被認定是另外一部電影，需要重新進行投資決策。

線上部分的所有人當中，製片人承擔着雙重責任。這是一個承上啟下的崗位，不僅僅要對出錢拍電影的資本方 (capital side) 負責，還要對被雇傭的勞動者 (labor side) 負責。

製片人到底要雇傭誰，到底該融多少錢，肯定不能僅僅依靠「拍腦袋」和「喝大酒」，而是要研究「投資」與「回報」之間複雜的因果關係。

如果是直接的線性因果關係（linear causality），「A 只能且必然導致 B」，那這種研究會相對簡單。如果想要有「B 結果」那麼必然需要有「A 原因」—— 簡單線性因果聯繫當中存在的因果必然性決定了你可以直接使用反向推理。

但電影的投資與收益卻根本不是線性因果關係。

如果「A 原因」不僅能導致「B 結果」，還可以導致「B1 結果，B2 結果，B3 結果」，甚至是「C1 結果，C2 結果，C3 結果」等多種結果；然後「B 族和 C 族」被當作原因的時候又可能導致「D 族，E 族，F 族」等更多的結果；然後「D12，E13，F14」在大概率上還可以導致「H 族，I 族，J 族」，那就證明這是一種複雜的非線性因果關係（sophisticated non-linear causality）。在這種關係當中，原因和結果之間並不存在因果必然性，那就肯定不能使用反向推理。

在複雜的非線性因果關係當中，如果你希望得到的結果是「J 族」當中的「J31」，你怎麼能知道前序的過程當中必然要有「B2」呢？

那麼在電影投資中，硬要使用線性因果關係當中的「充分條件」與「必要條件」或者「非充分必要條件」這套思考模型就完全行不通了。

你就需要一種覆蓋面更廣的邏輯思考方式。

我們老祖宗發明的「金木水火土」的五行，可以被認為是這種複雜推理模式最初的原型。

不要總是覺得「陰陽五行」、「青龍白虎」是東方神秘主義的特色。

這是一種解決「複雜性問題（complexity）」的基於數學方法的方法論，並不區分「西方」或者是「東方」，與民族、種族和膚色都沒有任何關係。

1997 年，洛．比桑（Luc Besson）導演製作了一部超大規模的科幻冒險電影《第五元素》（*The Fifth Element*），講的就是西方人的「五行」。

以古代希臘文明為重要組成部分的西方文明中，人們曾經認為物質世界是由四種元素構成的，分別是土（earth）、水（water）、氣（air）、火（fire），而統領這些元素的則是一種特殊的「第五元素」。第五元素被西方宗教學人士稱作「靈（spirit）」，被亞里士多德稱作「以太（aether）」。有時也被稱作「坤泰（quintessence，亦可譯作『精髓』）」。

沒錯，就是《唐人街探案 1》當中肖央扮演的角色的名字。

但西方人卻始終沒搞清楚所謂的五種元素之間到底是甚麼關係。

他們一會兒說第五元素統領其他四種元素，一會兒又說五種元素彼此平等。

我們中國古代的五行，雖然也是類似的粗放分類法，但卻講清楚了複雜的利益衝突與制約關係。

稱作「相生相剋」。

2. 聽我講「金木水火土」，保證讓你不迷糊

在中國古代，當需要進行任務排序的時候，如果總數少，可以使用「甲乙丙丁戊己庚辛壬癸」這套序數詞，它們被稱作「十天干」。而如果總數多，則可以使用「天地玄黃宇宙洪荒」這套《千字文》，裏面有一千個不重複且附帶序數功能的單字。

如果你使用「天一天」作為編號，就可以實現僅用兩個字符位置來分清「1000 × 1000」總共一百萬個不同的序數。而且比起阿拉伯數字，「天一天」要省地方多了。

但如果你想闡述子系統之間的分類關係，我們的老祖先則認為物質世界是由「金木水火土」共同組成的一套複雜系統，叫做「五行」。如果你還想要略加細分，就可以按照自然環境分成「乾坤震巽坎離艮兌」，分別代表「天地雷風水火山澤」，叫做「八卦」。

「五行」經常會被拿來和「陰陽」二元體系以及包括八個子集的「八卦」一起使用。但這三種分類法之間並不歸屬於同一個

體系。五行與八卦中都有水與火，也就都有陰和陽，而陰陽則可以被看作是正與負，這就可以讓你在腦子裏畫出一個解析幾何的平面直角坐標系。

而基於這個坐標系，陰陽、五行與八卦就可以在《唐人街探案 2》當中先指代不同種類的人體器官，而同時又指代不同罪案發生的時間順序與地理坐標位置。

怎麼樣，你是不是已經迷糊了？

其實你只要把「金、木、水、火、土」抽象看作是「A、B、C、D、E」五個字母，立刻就會清晰很多。

與西方認為的「完全平等關係」或者以第五元素為核心的「權利集中關係」不同，我們中國的五行強調的是五個方向之間的促進與制約，那當我用「A、B、C、D、E」分別代表影視娛樂行業內的五個不同的崗位分工，你就會很容易地看出彼此之間的關聯性。

行走江湖多年，我一般會將影視娛樂投資的「線上系統」分為五個大的方向，分別是 A 著作權及編劇、B 導演、C 製片人、D 主要演員和 E 投資方。

基於我多年的實踐經驗和上面寫的古典大數據分類法，我給每一個系統組成部分指定了一個代號。

我給投資方的代號是「金」。

在古典大數據裏面，「金」是屬西方，性清靜，主收殺。

所以投資方「屬金」。

我給導演的代號是「木」。

在古典大數據裏面，「木」是屬東方，性條達，主生發。

所以導演「屬木」。

我給製片人的代號是「水」。

在古典大數據裏面，「水」是屬北方，性寒冷，主平靜。

所以製片人「屬水」。

我給主要演員的代號是「火」。

在古典大數據裏面，「火」是屬南方，性炎熱，主向上。

所以演員「屬火」。

我給基礎著作權及編劇的代號是「土」。

在古典大數據裏面，「土」屬中央，性化育，主長養。

所以編劇「屬土」。

在中國古代的大數據當中，這五個方向之間是「相生而相剋的關係」。

所謂相生，指的就是相互促進彼此的效能。

金生水，水生木，木生火，火生土，土生金。

投資方（金）促進製片人（水）；製片人（水）促進導演（木）；導演（木）促進演員（火）；明星演員（火）讓著作權（土）

更知名；知名著作權（土）可以吸引投資人（金）。

所謂相剋，指的就是制約對方的效能。

火剋金，金剋木，木剋土，土剋水，水剋火。

這個是啥意思，我就不明說了。

這麼寫下來，粗粗看上去確實是有點像玄學。

但這其實就是諾貝爾經濟學獎得主阿爾文·羅思所說的「市場結構設計」。

你需要讓不同的交易之間產生關聯性，通過不同的利益群體之間的利益衝突去使得另外的一些利益關係得到管控。

只有先承認了編劇、導演、製片人、主要演員和投資方之間相生相剋，相互促進與相互折磨的關係，才能夠整體而全面地設計出合理的利益均衡體系。

這些事情搞清楚了，再做「分散投資」才有意義。

你才能夠知道自己究竟應該將交易的重心放在哪些方向上。

但製片人這個崗位，肯定是需要承上啟下的，因為製片人屬「水」，而「水利萬物而不爭」。

如果我們將電影投資的線上系統放進五行裏去看，那麼線上系統的內在關係就很容易被看明白，所以這就不是封建迷信而是非常有效的「高等數學」。

如果你還沒搞清楚這些事兒，就跑去搞甚麼金融工程，那其實就是在撞大運。你要是拿「撒胡椒麵」當作結構設計，這個項目也投一點錢，那個項目也投一點錢，那你獲得的結果肯定是「功德無量」。

五行系統內不同組件的利益關聯性與衝突都很明顯，而如果你能夠將每個方向的資金與訴求都進行量化統計，就可以使用數學方法抽象成一個五邊形的複雜多階博弈計算模型。

所以這根本不是甚麼「玄學」，而是很標準的「金融工程」。

3. 看似很江湖的「開機燒香」其實是「結構識別」

我們中國人無論是拍電影還是拍電視劇，開機的第一天都喜歡舉辦一個「燒香儀式」。

我作為中國影視娛樂行業的一員，自然也不能免俗，不僅經常以製片人的身份親自組織燒香，還經常作為財務投資方受邀上香。

開機燒香這個事兒，最初是來自於香港。

很多國內的劇組看香港人燒香，台灣人燒香，大陸人也燒香，就認為這是中國傳統做法，自古皆然，而並不曾去思考過其中的緣由。

如果你仔細想一下，中國大陸最早的電影製片單位，是服務工農兵的八一廠、北影廠、上影廠和長影廠這些國營大單位，你真的覺得他們「自古以來」就有燒香拜佛這個傳統麼？

香港電影人開機燒香，也不是因為傳統，而是因為「實用」。

從香港的歷史實踐來看，這種現象存在肯定是有它的實用價值。

因為早期香港電影的製作，都是非常鬆散的組織與個人之間的臨時合作。成員背景複雜，合同簡單粗放，也不會編印清晰的組織結構圖。但通過燒香儀式，就可以完成一次群體內的組織結構與身份識別。

開機之前燒香，上香，弄點烤乳豬和豬頭肉，隱隱約約讓人感覺很像是天主教當中的聖餐禮，確實會讓人感覺很有玄學的意味。

後來內地與香港合拍電影興起後，整個中國的大量劇組也都延續了這個傳統，就未必是玄學了。

當透過現象去看本質的時候，就會發現「製片人帶隊燒香」其實根本就是「投後管理」的一種實用方式，有對應的科學邏輯，是一種儀式 (ritual)。

在這個儀式當中，所有的參與者都可以通過觀察上香的先後次序，以及上香人員的分組來弄清楚組織結構圖當中與自己相關聯的上下左右分別是誰，了解與自己有關的組織結構圖的大致構造。

這就是使用了組織行為學的方法來實現系統工程的效用。

所有參與過燒香儀式的人，都在無意識當中實現了團隊破冰，也都在潛意識當中完成了對劇組的整體組織結構、指揮控制體系以及等級結構（management hierarchy）的集體識別。

更重要的是，這個儀式也讓所有參與者快速形成了共同的身份認同，是一種非常有效的心理干預（psychological intervention）。

既然是心理學，那麼上香時接收香火的塑像就需要非常講究。

在中國組織上香儀式，擺在供桌上的塑像一般都是三國時期（公元 220—280 年）的人物「關公」。關公姓關名羽字雲長，公元 161 年出生在河東解良（今天的山西運城），是蜀國的大將軍。在蜀國的核心領導層當中排名第二，位列劉備和張飛之間，江湖人稱「關二哥」。

關公幾千年來一直都是正義、忠誠、責任感以及組織紀律性的化身。而這些都是劇組工作人員需要具備的素質，也是所有江湖人士都希望別人能夠具備的優秀品質。所以在各種江湖組織當中，你都會看到關二哥的雕像被供奉在重要位置。

但無論關公的號召力有多大，離開了漢字文化圈之後還是會有影響力強度的線性衰減。而且如果你是在進行跨國、跨種族、跨文化的江湖實踐，只有關公來享受香火也確實會顯得不夠全面。

《唐人街探案 1》要上香，當然可以只邀請關老爺來參加就夠了，畢竟中泰一家親，「四海之內皆兄弟」。但等到我們去紐約拍攝《唐人街探案 2》時，就必須得邀請其他人一起「共襄盛舉」。

紐約是全球性的大都市，人種、宗教信仰、文化背景、生活傳統都與我們有巨大差異，工作人員的結構也非常複雜，在這裏闖蕩江湖就必然會涉及到多種不同文化之間的磨合。

在這裏辦上香儀式就必須因地制宜。

經過深思熟慮，我除了邀請來自東方的關雲長將軍參與上香儀式之外，還誠意邀請了來自西方的喬治・華盛頓將軍（General George Washington）來「團結一心」。而考慮到華盛頓將軍曾經有蓄養及使用黑人奴隸的不良記錄，容易引起民心分裂，我又額外邀請了一位長期呼喚和平與統一的老哥一同共襄盛舉。

這老哥是個「老江湖」，小小年紀就輟學混社會。在 25 歲之前根本沒有固定的職業，做過測繪員、花匠、石匠等各色崗位，甚至曾在俄亥俄河上從事過「漕運與擺渡」。

「擺渡人」這個職業，必然是要涉及到江河湖海，而「漕幫」

那更是絕對的江湖。這老哥後來考了個律師證，和水泊梁山裏的宋江一樣受到招安，棄商從政了。但他比宋江野心大，很快就在美國的官場平步青雲，所以後來也被稱作「亞伯拉罕．林肯總統（President Abraham Lincoln）」。

我邀請關雲長將軍來參加敬香儀式，是要告訴所有人這是一個中國人擁有絕對話事權的劇組。而額外邀請的華盛頓將軍與林肯總統，則是確保美國劇組內所有的族裔都受到了尊重。

在上香環節當中，我當然還是按照江湖規矩，遵循古法提供了傳統的烤乳豬，但也額外向參會人員提供了烤雞。

因為我做了詳細的調查，這世界上沒有任何種族會出於宗教信仰的原因而不吃雞肉。

這絕對不是玄學，這是基於歷史事實與統計學數據的社會心理學，是一種有效的集體心理干預（group intervention）。

四 ｜投後管理！

江湖亂哄哄，你得掌握一些管理技術

01
「跳大神」裏藏的全是「控制論原理」

1. 那一年，看相的說我命裏有《狂野時速》

2017 年初的時候，我已經在美國籌備《唐人街探案 2》超過了一年。在各處東奔西走不停地與人開會，路上還經歷了好幾次汽車事故。其中最誇張的一次是我在高速路上甚至預感到了車輛即將相撞，居然提前掏出手機拍下了多車連環相撞的過程。

中國和美國之間隔着一個太平洋，我與陳思誠導演之間只能是通過郵件和即時通訊軟件來溝通，並且將所有的討論結果都製作成文字方案來進行二次確認。這種方法的優點就是一切決策都有過程可追溯，有依據可查詢。但畢竟是兩個男人分居兩國，長期這樣做的第一大缺點就是「非常廢紙」，各種文件被傳來傳去，摞在一起能堆起幾層樓高。而第二大缺點則是「非常費電」，手機電池經常要邊充邊用，總是熱得發燙。

《唐人街探案 2》的劇本在開機前都沒有最終定稿，而我一直以來的習慣又都是得提前完成籌備工作，所以我採取的方式是以《唐人街探案 1》為模版進行全面升級，用「預留空間填空」的方法將電影當作是「真人秀劇本」進行準備。在這個過程中，導演每提出要增加新的劇情，我就要負責驗證是否能夠有適合的場景支持。而既然我們都下定決心來紐約實地拍攝了，那就必須突出紐約的不可替代性，確保 NYC（New York City）真的是一個角色（character），而不僅僅是一個外景地（location）。

如果你現在報名參加面向華人的紐約市內旅行團，已經可以選擇專門的「《唐探 2》電影路線圖」，裏面基本涵蓋了紐約市內所有值得放進電影裏的地標建築。這證明我們當年的努力是有效的。

實現這樣的製作成果，肯定離不開大量的資金。

但資金無論多少，都是有限的。不可避免地要涉及到選擇與取捨。很多的場景，一旦確定就必須要以放棄其他的場景為代價。而很多的拍攝方案，都是要以其他的拍攝方案為對應的機會成本。

劇本一直到開機前都還沒能定稿，但我們已經確定影片當中必須在紐約時報廣場（Times Square）有一場汽車的「逆天追逐」。紐約市內寸土寸金，時報廣場更是核心當中的核心。在這裏搞追車與撞車，肯定是非常複雜的問題，必須有萬全的方案。

你可能覺得紐約市的那個地標的名字應該叫「時代廣場」而不是「時報廣場」。但這又是你內心中的一種確定性偏差。老美們嘴裏所指的「時代」是一本叫做《時代》（*Time*）的雜誌，而 Times Square 裏的 Times 則指的是一份叫做《紐約時報》（*New York Times*）的報紙。

這兩家完全不是一碼事兒。

我們最初的藝術規劃是在不涉及到演員面部特寫的鏡頭中，使用特技車隊，用替身完成實景拍攝。而在需要面部特寫與帶環境的鏡頭時，則轉場到長島上的一個由美術部門搭建成時報廣場的外景地。

這樣不光成本可控，安全性也高。

4 月份的時候，陳思誠導演帶着中方主創團隊來到紐約和我會合了。我們《唐探》團隊有一個好習慣，每當大家聚在一起的時候，就會一起去電影院集體觀看一部正在上映的電影，並以該影片為模版自查自糾。

這一年的 4 月份，紐約上映的電影是《狂野時速 8》（*The Fate of the Furious*，蓋瑞．葛雷導演，2017）。而我們所有人從電影院出來之後，都覺得時報廣場的撞車戲必須要調整。《狂野時速 8》當中已經出現了幾場放在紐約市內的追車與撞車戲，而且規模非常宏大，堪稱影史奇觀。我們《唐人街探案 2》當時已經確定要全方位對標荷里活大片，而且已經定檔在 2018 年春節檔上映。

這意味着我們原本設計的撞車創意，居然真的和《狂野時速 8》「撞車」了。結合起我之前所經歷的多起撞車事件，各位主創都開玩笑說我 2017 年的命裏肯定是有《狂野時速》。

從觀眾的感受上去思考，如果兩部戲都是汽車追逐，且兩部戲都是在紐約拍攝，上映日期之間的間隔又不到十個月，那大家可能不太會允許我們的撞車戲在視覺衝擊力上低於《狂野時速 8》。

但這就出現了新的問題，《狂野時速 8》的製作預算大概比我們要高將近十倍。從最基本的經濟學原理上來看，無論我們中國電影人是如何的吃苦耐勞、勤奮高效，在如此巨大的成本差異面前，想要正面硬扛《狂野時速 8》肯定是不容易的。

但金融學有個基本原理，那就是脫離了時間概念的資金量統計毫無意義。

雖然攤開了看電影平均到每一分鐘的預算，我們確實沒辦法和《狂野時速 8》抗衡。但我們和《狂野時速 8》一樣都是工會 Level-4 級別，都屬於是超高成本電影了。既然花大錢是免不了的，那我們就需要在資金分佈的位置上動動腦筋。

於是我們又認真復盤了一下《狂野時速 8》。這部片子當中的紐約市內場景雖然非常震撼人心，但全都不包括主要演員。涉及到主演員的鏡頭，幾乎都用的是 B 組替身。

這就給了我們一個新思路，去強調主演與環境的關係，並給觀眾一些不一樣的東西。

陳思誠導演經過深思熟慮後，決定在保留部分的汽車追車與汽車撞車戲的基礎上，加入馬車的追逐戲。

但這是一個違法行為。

紐約人都知道，按照法律，時報廣場是限行區，根本不允許畜力車輛進入。

如果你依稀記得紐約市內可以跑馬車，那這肯定又是一種「主觀記憶偏差」。紐約市很早就想徹底禁止牲畜進入市區，而僅有的馬車也被限制在中央公園及其附近的幾條有限的道路當中，當做遊覽項目。

雖然我在這個時候已經獲得了當時的紐約州長安德魯．科莫（Andrew Cuomo）的支持，承諾利用稅務收入給我幾百萬美金的稅收支持（tax incentive），但他卻不能夠直接越級指揮紐約市的警察與市政，更不可能去指揮時報廣場的業主。這個廣場當中除了公共道路，大部分建築區域都是私人財產。業主們組織了一個無比強大的組織，叫做「時報廣場業主委員會（Times Square Committee & Alliance）」，號稱連總統都不放在眼裏。

而更麻煩的事情是，當時的紐約市長白思豪（Bill de Blasio）是一個非常激進的動物保護主義者。在他看來，人讓馬拉車帶着人跑來跑去這件事是非常不人道的。有傳聞說他甚至曾打算連中央公園的遊覽馬車都徹底禁絕。

這時候我們卻提出了要在紐約時報廣場跑馬車，簡直就是不可能的任務。

但如果你看過《唐人街探案 2》，你就會知道這事兒我後來還是搞定了。

使用的方法，就是「看相批八字」。

2. 土洋結合，我決定給 TIMES SQUARE 批個八字

1978 年 9 月 27 日，錢學森和許國志、王壽雲三人一起在《文匯報》上面發表了署名文章《組織管理的技術 —— 系統工程》，第一次向全世界公開了中國式的科學管理方法論。在這篇文章中，「系統工程」被第一次正式地從自然科學領域介紹進入了社會科學的範疇。

雖然中國的學者們早就使用系統工程方法完成了包括「兩彈一星」在內的大量巨型工程，但在錢學森的這篇文章被公開發表之前，都還從來沒有真正向全世界介紹過這套中國式管理學方法論的戰鬥力。

按照系統工程的原理，當每個「任務」都可以單獨存在並且有自己獨特的功能之時，就可以被認定為是一個「子系統」。而當一堆子系統被按照一定的規則組合起來，以實現各個子系統的簡單算術求和所不具備的新功能之時，就構成了一個「整體系統」。

這些系統不僅僅是鋼筋鐵骨的機器，也可以是一個個活生生的人。

發達資本主義國家的社會成員都有一個共同特點，就是「各掃門前雪」。這本質上是將社會分解成了一個又一個彼此獨立的子系統。只要我們滿足了對應單位的個體要求，並白紙黑字地寫下來，他們就會遵照執行，並不會在意我們究竟該如何處理其他單位的要求。

這從系統工程的角度來看，就給我們提供了一個將複雜的整體系統拆散成細小的子系統，然後再重新組成整體系統的可能性。

既然我們需要搞定的是「紐約時報廣場」，那我們就應該使用系統工程的方法給紐約「看個面相」，並且給時報廣場「批個八字」。

但時報廣場並不是一個人，要批八字我們就必須「扯八卦」。將《唐人街探案 2》劇情所需要的「王寶強、劉昊然、肖央三位明星演員親身在紐約時報廣場實景跑馬車，並實現汽車連環相撞」看作一個整體系統，將各種限定區間（constraints）都分解成子系統。

第一個子系統的八卦代號是「乾」，時報廣場的業主們。

出於個人的主觀願望，任何一個電影人都肯定會覺得自己的電影很了不起。如果有電影在紐約時報廣場拍攝，肯定會給這個小廣場提升曝光率，並且在影片上映後成為一種旅遊宣傳片。這必然會提升來自世界各國的客流，進而幫助時報廣場的商戶們。

很可惜，這只能是你一廂情願的想法。

紐約時報廣場，在客觀上根本不 Care 你的旅遊宣傳。

換位思考一下，如果你自己就是時報廣場的商戶，你肯定知道這裏的人流量已經足夠大了，所以根本不願意相信一部來自中國的電影能夠給這個「世界的十字路口」帶來甚麼實際的變化。而且，如果有人要在你家的商店門口搞追車，撞車，跑馬車，那必然要影響商戶做生意的。

所謂的影響力是無法量化的，但生意的損失是可以計算的。所以你很自然地期待電影的製片方能夠提前賠償損失，最好是讓他們花錢把這個全世界最貴的地產項目組合給徹底包下來，徹底避免你的潛在損失。

那這個子系統肯定免不了要「花錢」。

第二個子系統的八卦代號是「震」，馬匹和馬車。

按照荷里活的規矩，馬匹是演員，而不是牲畜或苦力。所以在不拍攝的時候，馬匹演員是不允許拉車的。

你肯定覺得我在胡說，因為你明明在很多荷里活電影裏都看到過馬拉車。

不好意思！那馬兒們不是在拉車，而是在「表演」。

你可能覺得這有點矯情，但按照荷里活的規矩，這就像是表演「死屍」的人不能真的被弄死之後放進畫面裏一樣合理。而且按照荷里活的相關規定，反正電影都是「假的」，那無論拍甚麼都可以，都是在行使法律規定的言論自由。但他們的言論自由也有邊界，在任何情況下都不能拍攝兒童色情或者動物虐待，這類內容只要出現就是嚴重違法。

但你怎麼界定馬演員是在「表演拉車」而不是「真的拉車」呢？

簡單，可以給每一匹馬都配一個人類馴獸師，讓馴獸師來確定這匹馬演員到底是不是在「開工」。

既然是演員，那麼按照工會的標準就必須有「專車接送」。既然劇組不能讓人類演員走路去上班，那麼同樣的道理，馬匹的運輸也必須使用專用的「動物演員運輸車輛」接送。不能因為演員的物種是「馬」就搞「物種歧視」，讓出鏡演員自己從家裏的馬廄跑步去上班。

馬演員在劇情中牽引的馬車屬於特殊道具，所以在不拍攝的時候，道具與演員必須分離，於是又得安排專門的道具師來負責管理馬車道具。

馬匹演員乘坐演員專車到達下車地點後，必須有專門的馴獸師照顧，定時喝水、進食，外帶上廁所。而且為了保證安全，馬匹演員是不能在公共道路上奔跑的。表演時周邊如果有汽車，必須是由特技駕駛員負責的道具汽車。

所以如果你想拍攝馬匹牽引着馬車在時報廣場奔跑，你就必須得封路，讓時報廣場的公共道路變成封閉道路，然後讓馬車周圍行駛的全都是你劇組安排的道具汽車。

不用說了，這個子系統得「花錢」。

第三個子系統的八卦代號是「坎」，紐約電影工作人員的 IATSE 工會。

本書在之前的章節已經介紹過工會的作用，核心目標肯定是讓工人賺到更多的錢，那麼「花錢」肯定是免不了的。

當拍攝涉及到車輛與動物的時候，為了保證安全，工會還有更多非常複雜且具體的要求。簡單說就是要設計出巨大的「安全冗餘度（safety redundancy）」給所有的工作人員，要百分之220% 地確保所有工作人員的安全，並且要設計出超越人類的「人道冗餘度」給參加演出的動物演員。

所以動物演員在安全標準上必須和人類相同。

這時候就出現了一個人與動物之間的銜接問題。

在工作時長上，如果人類每天可以被允許工作 8 個小時，那麼你安排人去照顧動物出工與讓動物收工的時間也是在這八小時裏面的。

這麼一銜接之後，動物演員們頂多只能被允許工作 6 個小時。

還用說麼？

「花錢」。

第四個子系統的八卦代號是「坤」，時報廣場的交通路線圖。

時報廣場的核心部位是南北向的第七大道和百老匯，同時包括與這兩條街垂直相交的很多條東西走向的相互平行的道路。其中大部分道路都是單行線。這就會讓廣場形成一個有明確入口和出口的車流系統。

車流只能按照交通標誌線行駛，但人流卻會自由流動。

為了保證拍攝效果，最優方案肯定是把整個廣場封閉，然後塞滿導演組能夠指揮的群眾演員。由於美國的演員工會並不會在演員的身份當中區分「幹部」與「群眾」，所以在他們的規章制度裏所有人都會被統一稱為「演員」。如果你非要加以細分，那他們只會區分導演自己是否會對演員的表演有具體的要求。如果你非要在美國幾大工會的章程裏找到「群眾演員」這個詞兒，那麼最近似的詞其實是「背景演員（background extra）」。但這個詞也並不意味着他們的工資可以比「前景演員」或者「幹部演員」更低。

這種工會工人的「平等權」聽起來確實很令人振奮，但如果完全按章執行，那意味着你真的得有「鈔能力」才可以。

我們在日本拍攝《唐人街探案 3》的時候，就採用了這種需要「鈔能力」的解決方案。但在拍攝《唐人街探案 2》的時候，我們還沒有經濟實力能將預算擴展到這個級別。

沒錢，那就必須在「管理」上想辦法。

第五個子系統的八卦代號是「離」，紐約州政府。

我們中國電影人來到紐約，雇傭紐約的工人，提供就業機會，這對紐約州政府來說肯定是好事。所以州政府對我們的電影拍攝是持支持態度的，而且州長還承諾了要給我們的影片進行真金白銀的貨幣支持。但州長也是資本主義制度培養出來的，非常信奉「肉爛在鍋裏」的江湖規矩。他希望我們拿到這錢之後，全都花到紐約州的公民和工商企業身上，促進紐約州的就業和經濟發展。

短暫接觸州長辦公室的相關人員之後，我確認這位州長及其團隊在成為官員之前肯定也是走江湖的生意人，非常了解「真金白銀」、「期貨期權」與「腳底板抹油」的意義。他們非常明確地告訴我，如果想要得到州政府的贊助，就必須先證明我已經把他「還沒給我的補貼金額」全都花在紐約州了。

這不就是讓我花未來的錢麼？

州長的方案意味着我得「先花錢」，而州政府在確定「錢已經花完了」之後，才會在若干年之後支付這筆「稅收支持」。從州政府的角度看，這個條件可以最大限度地避免關聯公司之間通過虛假交易來欺詐政府補貼。畢竟事後審計要持續若干年時間，肯定會讓一切都真相大白。

脫離了時間概念的資金量統計是毫無意義的。

這個子系統倒是不直接要錢，但要你有「寅吃卯糧」的本領。你得有本事把幾年之後的錢通過金融方法乾坤大挪移，直接挪到今年來花。

第六個子系統的八卦代號是「巽」，紐約市政府。

紐約市政府規定，如果攝影機扛在肩上不落地，那任何人都可以在不阻塞交通的情況下在時報廣場進行拍攝。但只要你敢把你的攝影機放在三腳架上，或者通過任何可能阻礙他人通行的方式「落地」了，你就必須申請具體的拍攝許可，以及《道路封閉令》。

基於美國的《憲法第一修正案》，你拍甚麼內容紐約市根本懶得管，但你不能給任何「善意第三方」帶來困擾。如果你拍到了普通人的臉，你就得去向這個具體的人申請對應的肖像授權。但這個事兒政府根本不負責協調。

而如果你拍戲要涉及到「私有道路」，那你自己去找時報廣場的業主委員會協調。你們自己談商業條款，市政府不參與。但當你涉及到「公共道路」的時候，即便市政府能給你審批，只要時報廣場周邊的道路因為「任何原因」發生了阻塞，廣場附近的交通警察都可以隨時取消你的《道路封閉令》。

這個子系統倒是不直接要錢，但會讓你始終處在驚恐中。

第七個子系統的八卦代號是「艮」，包括人類明星演員、美術組、攝影組以及躲在鏡頭背後的動作組。

在經歷了前六個子系統之後，這個子系統反而讓我覺得已經對製片組沒啥要求了。

在這場戲裏出現的王寶強、劉昊然和肖央，全都是吃苦耐勞的鋼鐵戰士。李淼帶隊的美術組早就已經擁有了在全世界各地拍攝的經驗，幾乎可以一比一還原世界上任何的場景。而杜傑帶隊的攝影組也是我們用錢能雇傭到的北半球最優秀的團隊。至於提供動作支持的成家班，則是由成龍練出來並由伍剛帶隊的令人敬佩的隊伍。

動作演員在美國屬於演員工會 SAG，有排他性的從業身份限制。所以當我們要讓王寶強、劉昊然與肖央在美國演戲時，必須額外花錢讓他們在對應的時間內被認定是 SAG 的工會會員。而成家班在美國，無論去哪兒都會被各地的動作組演員認定成是「自己人」。

這個由中國人組成的子系統不額外收費，但你得能給他們足夠的信心。

信心從哪兒來？當然是來自於博弈論當中的「最小最大解」！

你必須和大家一起戰鬥在第一線。

先燃燒自己，然後點燃大家。

一起燃燒！

第八個系統的八卦代號是「兌」，是指時報廣場的各種「利益關聯方」。

時報廣場號稱是世界的十字路口，自身有大量的粉絲。

而且有很多人都是時報廣場的「精神股東」。他們都有自己的一套邏輯，要保護這個地標不受到任何類型的傷害。

這個單位不要錢，但要你拿出敬畏心。

我們《唐人街探案 2》的製片規模雖然達到了工會規定的 Level-4，但我們肯定不是《狂野時速》。人家可以封路一個星期拍攝，可以搞幾百台備用車，可以支付得起大量的人工與加班費，所以人家的預算也是我們的大概十倍。

山外有山，天外有天。

《唐探 2》的時候，我們還花不起那麼多錢。

這八個子系統羅列下來之後，唯一讓人沒有那麼絕望的事實是，在時報廣場的「八卦系統」當中，只有前四個子系統是必須得花費非常大的價錢才能搞定的，而後四個子系統則跟錢的關係不是太直接。雖不是很費錢，但是很費心。

這就需要我將這個八卦圖存在心裏，去通盤考慮各個子系統的「限定區間」。

3. 我把全球最貴的物業拆了搞「分時租賃」

按照系統工程的原理，製片人必須首先搞清並承認每個子系統自己的「限定區間」，才能找到通過區間內設計將子系統鏈接起來的方法，以實現整體系統的功能。而這個整體系統，其實就是實現「在時報廣場跑馬車並將表演過程拍成電影」這件事。

針對第一個八卦子系統「乾」，時報廣場業委會，我首先需要了解的是「包場拍攝」的租金到底是如何計算的。

先不管我是不是能夠拿出足夠的錢包場，如果包場就是讓商鋪關門的話，我其實也是不願意的。因為廣場上的商鋪都關門了，那就會讓片子顯得很假，我還得額外再雇傭演員來扮演售貨員與顧客。

在這一點上，我與業主們在談判中很快達成了共識。

原來過去幾十年都沒有任何電影公司來時報廣場搞過包場了，甚至連獲得奧斯卡獎的《飛鳥俠》（*Birdman*，艾力謝路．高沙里斯．依拿力圖導演，2014）用的都是「肩扛拍攝」，按照中國的江湖規矩那就等於是「偷拍」。在過去的幾十年裏，《唐探 2》真的是非常罕見的敢真刀真槍真封路在時報廣場搞這麼大陣仗的劇組了。

但從經濟學的角度去看，這倒不是甚麼太令人驚訝的事情。

畢竟是否能夠有多樣性的選擇，往往和經濟成本直接相關。

如果一個劇組比我們《唐探 2》要窮，那麼他們大概率壓根就不會考慮去折騰時報廣場，根本就不會有這個選項。而比我們《唐探 2》更有錢的劇組則會擁有更多的選項，比如自己徹底修一個假的時報廣場，並額外花錢給假廣場加上車水馬龍。

我們當年選擇真刀真槍，也是因為這個方向最有「性價比」。

經過充分的溝通，我很快意識到其實商舖也不願意關門，他們只是擔心我們的拍攝影響生意。

這就簡單了，我們控制一下「影響範圍」和「影響時間」的「限定區間」不就可以了麼？

劇組拍攝的時候，看上去肯定是忙忙碌碌，但如果你詳細計算拍攝後得到的一條素材的長度，往往只有一兩分鐘甚至是幾十秒。拍攝一條過後，是「回原位」，等待下一條的拍攝。所以當攝影機沒有在運轉的時候，劇組上下所有人員都是在耗費大量時間做場景準備、演員準備和調試設備。

可不可以「分時租賃」？

這就意味着只是在真正拍攝的那幾十秒或者幾分鐘裏包場，就可以極大限度地降低包場時間，以控制場地成本，也極大限度地降低對廣場內其他正常業態的干擾。

時報廣場的業主們表示同意，可以允許我們搞「間歇性包場」。但他們問了一個問題，《唐探 2》真有本事在時報廣場這麼大的範圍內每次只封閉幾分鐘麼？

這我們必須想辦法實現。

針對第二個八卦子系統「震」，馬匹和馬車，我們將與時報廣場的主路交叉的西 49 街（W49th Street）和西 50 街（W50th Street）這兩條街道完全封閉，包了下來。雖然這兩條街也都是曼哈頓的重要道路，但相比較於時報廣場核心區內的第七大道和百老匯（Seventh and Broadway），那肯定是便宜多了。

這兩條街每次封閉的時間都持續十六個小時以上。所以在西 49 街裏我們可以讓馬匹掛上馬車，並讓馴獸師穿上特效服裝站在馭手位置，讓我們的中方演員化好妝站在車裏，時刻做好準備。而在西 50 街裏，我們會安排好由特級駕駛員負責的道具汽車做好準備。

西 49 街和西 50 街都是單行線，都和第七大道交叉。

馬車和攝影車等都停在西 49 街位於第七大道東側的部分，而道具汽車則停在西 50 街位於第七大道西側的部分。這樣馬車與演員車、攝影跟拍車只要左轉後就可以立刻進入第七大道的單行線，而道具汽車雖然距離相對較遠，但汽車速度快，開足馬力右轉後完全可以快速進入第七大道。

這樣當我們決定讓馬演員和人類演員進入廣場時才會封閉道路，其餘時間完全不會干涉第七大道的正常交通。

針對第三個八卦子系統「坎」，IATSE 工會，我們採取的方式是大量增加製片組的臨時雇員。

雖然 IATSE 的工作人員的時薪都不便宜，但他們都很敬業。工會的工作人員按部門分配時，那些沒人願意幹的苦活和累活就會被歸給製片組，而製片組最苦最累的崗位就是 PA（production assistant，製片助理）。所以我們在這一場戲裏額外雇傭了大量的工會工人，並將他們全都劃進製片組當 PA，以動態管控交通。

這就等於是讓第三個系統「坎」去管理第四個系統「坤」，也就是時報廣場的交通路線圖。

時報廣場的核心區有大量的單行線，如果 PA 能夠按照系統原理將廣場的幾個入口暫時關閉，按照交通路線圖原本的系統設置，廣場內的車輛必然會在幾十秒內沿單行線方向自然駛出廣場，做一個「排空準備」。

這時 PA 就可以通知 NYPD（紐約市警察局）開始啟動「道路關閉」。用正規警察封閉第七大道和流入廣場的其他道路入口，開始「清空場地」。但我們會保持所有出口開放。按照交通路線圖原本的系統設置，這些道路上的車輛也都會在幾十秒內沿單行線方向自然駛離廣場，實現「獨佔廣場」。

這時我們才真正意義上開始了「包場封路」。

特技駕駛員在得令後，會開着道具汽車從西 50 街右轉，開足馬力快速進入廣場內表演位置，然後導演組會用無線電通知載着主演的馬車以正常速度從西 49 街左轉進入廣場。在表演車輛的後面，則跟着我們的攝影車。

廣場內的幾個關鍵位置和制高點，都會設定固定機位，以拍攝演員們的表演。在這個過程中，車輛全都處在「正常行駛」狀態中。

而當表演自然結束後，所有參演車輛都會自然駛離廣場，實現「封路結束」。

所有車輛和人員都會按照交通路線圖原本的系統設置，分別回到西 50 街與西 49 街的原始停放位置，並做好準備，接受下一輪次的「人工干預」。

針對第五個八卦子系統「離」，紐約州政府，我的解決方案是雇傭最優質的金融會計團隊來管理劇組開銷，並雇傭專業的審計團隊監管這些金融會計。在這種狀況下，我的所有資產負債狀況與各種風險敞口（risk exposure）都會非常清晰，完全可以用自己的資產做擔保去「借錢」。

我在紐約證券交易所隔壁的某地標建築裏設立了製片人辦公室，利用華爾街完善的金融服務結構先行辦理了一筆「供應鏈金融貸款」來完成「寅吃卯糧」的花錢任務。這樣我就可以用這筆「已經花掉的錢」和華爾街精英們一起去找紐約州政府去申請若干年後才能兌現的稅收支持。

針對第六個八卦子系統「巽」，紐約市政府，我的解決方案是讓 IATSE 的工作人員在時報廣場交警巡邏區域的外圍，額外進行針對交通狀況的人工干預。

第七大道是一條單行線主幹道，車流大部分都是從同一幹道的「上游」流下來的，另有一小部分是從與幹道交叉的「支流」匯聚進來的。這樣我們就可以從紐約上城（Uptown）開始想辦法，讓 PA 們利用最原始的「線性編程理論（linear programming theory）」來減少第七大道內的車流。而從其他支流匯聚進廣場的車輛，我們反而可以直接讓紐約市政府的交通管理員與 NYPD 的警官們去處理。他們會直接把小街道轉換成為「道路封閉」的狀態。

但這種事情不能搞太長時間。一旦曼哈頓中城（Midtown）

出現了交通大擁堵，NYPD 肯定會撤銷道路封閉令。但我們「表演起始位置」所處的時報廣場第七大道入口恰好是個單行線，這決定了我們只需要確保曼哈頓上城的車輛不要「突然增多」即可。

這時候 PA 的作用就又凸顯出來。既然我們的 PA 可以人工干預讓車流相對減少，就肯定也可以確保第七大道在到達中城之前的位置不出現大堵塞。

而為了控制成本，我們還要確保每次人工干預和 NYPD 的道路封閉都僅僅持續幾分鐘。

第七個八卦子系統「艮」，是我們的主演、攝影團隊和動作組。

在這一場戲當中，他們全都做出了極大的貢獻，表現出了超乎常人的專業性與奉獻精神。在一般情況下，演員們只會在各部門準備好了之後才來到鏡頭面前，然後進入表演狀態。但時報廣場拍攝的特殊性要求他們必須時刻站在道具馬車的表演位置上等待各部門完成準備，並始終保持飽滿的狀態。

這七個子系統都準備好了之後，我們所有人都只能開始祈禱，等待曼哈頓上城的交通在某個瞬間放緩。而在這個等待的過程中，所有的機械設備、演員、牲畜都必須同時處在 OK 的狀況。

我們所有的參演人員，沒有任何一個人有怨言，全都站在自己的位置上等待導演下達 Action 的指令。

當那個轉瞬即逝的「窗口期（window）」到來時，曼哈頓上城的 PA 會通過無線電告知所有人準備，然後全組會依次實施（1）「人工干預」、（2）「排空準備」、（3）「道路關閉」、（4）「清空場地」、（5）「獨佔廣場」、（6）「包場封路」，然後導演才會喊 Action，以自然速度完成（7）「現場拍攝」。

時報廣場已經很長時間沒有人這樣拍過電影了，而我們《唐探 2》節衣縮食、寅吃卯糧，居然「霸佔」了時報廣場好幾天，而且還省出錢來在片尾加入了在廣場內核心區拍攝的劇組全體唱歌跳舞的 MV。

細細計算一下我們在時報廣場上的每日忙碌，雖然全組都是從早忙到晚，但我們採用了分時安排，徹底阻斷交通的封路每次都並不會太長，也就不會真的給時報廣場帶來困擾。

這就會讓第八個八卦子系統「兌」，也就是廣場的各個利益關聯方感受到我們的誠意。

廣場拍攝結束之後，我們還安排陳思誠導演與時報廣場內最著名的遊民「電台先生（The Radio Guy）」拍攝了合影，並將合影消息更新進了時報廣場的相關社交媒體當中。

「電台先生」無家可歸，長期駐紮在時報廣場附近，所有在曼哈頓拍攝的電影主創，都有在完成當日拍攝之後與他合影以博個好彩頭的傳統。與他合影的電影項目，據說在上映後都有不錯的票房表現。

所以他絕對是時報廣場的重要利益關聯方，我們肯定要討個吉利，尊重這種傳統，湊齊「乾坤震巽坎離艮兌」這個「大八卦」。

但這根本不是玄學，而是通過系統控制論來提高資金使用率，從而降低成本。

但請注意，「降低成本」絕不是「不花錢」。

等到影片上映的時候，花了很多錢才湊齊了「大八卦」的《唐探 2》在中國的票房真的超過了《狂野時速 8》。

還記得麼？在前面的章節中已經介紹過，經濟學上的「降低成本」可不是讓你「不花錢」，而是讓你花錢之後感覺到「性價比非常高」，然後「花掉更多的錢」。

於是在《唐人街探案 2》成功之後，我們又拍了需要「花掉更多錢」的《唐人街探案 3》。

02
「交易成本」按年攤銷就成了「江湖經驗」

1. 「不講武德」的真正原理是「道德風險理論」

雖然行走江湖「相見就是緣分」，但所有的娛樂圈老江湖在挑選合作夥伴這件事上都是非常認真小心的，而江湖新手雖然經驗不足，但在進入任何一個「江湖交易」之前的警惕性也都不會太低。

等到大家能在一起賺錢了，那彼此就會認定是「自己人」。

由於之前已經經歷了「盡職調查」，在交易合約達成之後，很多人都會很自然地覺得是在和自己人做生意。但生意做到一半，江湖人士們又經常會驚奇地發現自己人居然也會「不講武德」。

那些曾經看上去和藹可親而又值得信賴的傢伙們，突然就變得辣手無情，損人利己。

這背後的原理，就叫做「道德風險（moral hazard）理論」。

「道德風險」這個詞，聽起來很像是從小學思想品德課本裏跑出來的概念，但我將其寫在這裏卻並不是因為走錯了片場或者拿錯了劇本，而是因為幾個獲得諾貝爾獎的經濟學家在研究「信息不對稱」作為交易前提的商業行為之時，共同發明了這個很容易讓人誤會的詞。

研究道德風險理論的三位經濟學家，分別是喬治·阿克洛夫、安德魯·米高·斯彭思與約瑟夫·斯蒂格利茨，他們都在2001 年獲得了諾貝爾經濟學獎。

這三位的研究方向，都是在信息不對稱的情況下人們如何達成交易並執行交易合約。根據他們的研究，信息不對稱越嚴重，對應的交易所存在的「道德風險」程度就會更嚴重。如果你帶着這套推論去研究娛樂圈的信息不對稱，你恐怕不會得到過於樂觀的結果。

雖然明星們生活的各種細節似乎都已經被狗仔隊「全方位無死角」地暴露給了社會公眾，但那只是一種外行人的確定性偏差。無論是中國還是國外的影視娛樂行業，甚至包括荷里活都一樣，永遠都存在着嚴重的信息不對稱。

這就使得娛樂圈變成了研究道德風險理論的最佳實驗場。

小學生時代的「道德」是好理解的，似乎就是「要乖，要聽話，做好事，不做壞事」。

但在商業活動中，「乖」與「聽話」、「好事」和「壞事」這些詞恐怕都是要附帶前提條件的。

在經濟學家眼中，如果雙方均處在零和博弈的極端情況下，交易雙方的道德標準也會是完全相反的。因為如果一方獲益的代價就是讓另一方遭受損失，那麼他們的價值判斷就肯定不可能是相同的。

社會經濟活動的參與者當中的「大聖人」確實不太多，但在經濟活動中持續性地損人利己的「大惡人」其實也沒有大家想像的那麼多。根據統計學的基本原理，大部分普通人的道德情操水平都應該是以社會平均道德水平為基準線，小幅度上下震蕩。

但甚麼是「利」，甚麼是「害」，永遠是比較出來的，是個動態變量。

當普通人在執行合約的過程中，發現違反合約的「利」已經變得遠遠大於遵守合約的「害」的時候，做抉擇恐怕就沒那麼簡單了。

按照獲得 2001 年諾貝爾獎的三位經濟學家的研究，如果交易合約的一方明確意識到自己的趨利行為所增加的「超額收益」，其實遠遠低於此類行為給自己帶來的「不利後果」，那麼無論他是否在「主觀上故意」要讓自己的行為違反交易合約，無論他是否「刻意」要去損害另一方的利益，道德風險都已經產生了。

在這個時候，交易雙方比較的就不再是「進入交易前」的地位，而是要看「達成交易後」誰掌握的與交易相關的「信息」更多。佔據信息優勢的一方必然更懂得如何去「趨利避害」。

而如果各方都認為交易是按照合約執行的，但卻有人認為自己被騙了，肯定是因為自己一開始掌握的信息總量就遠遠低於其他人，給對方在「瓜田李下」之時留下了「伸手」的機會。

理論上來說，交易合約越詳細，對交易雙方的保護就會越完善，但從江湖實踐的角度看，讓交易合約變得無比詳細的過程中必然要耗費大量的交易成本，從而使參與交易的人感到過程太過於漫長，利潤率實在太低甚至無利可圖。

但如果交易的參與方都有足夠的江湖經驗，並能夠將這些經驗用法律的語言固定下來，形成合同文本，那就是一份高效的交易合約。

但這又會引出一個新的「履約難題」。因為無論是多麼詳細的交易合約，都不可能對執行當中所有可能發生的情況做出事先約定。合同條款中多少總會留下一些「模糊地帶」，交易的各參與方在履約的過程中可以行使「自由裁量權」。

但基於我這十幾年來的觀察，很多江湖新手都只想儘快達成交易並結算賺錢，對於其他的事情一概沒興趣。甚至有人連最基本的律師費都不想付，想着去網上找個合同模版套一套就了事。這樣的人就更不會有決心與動力去雇傭有管理經驗與能力的職業經理人來行使管理權。

一般情況下，只要一個製片人沒有打算故意搞「雙向大做空」，那影視項目在初始階段都不至於完全退化成一個零和博弈。但電影投資是個複雜系統，參與其中的利益關聯方眾多，需要大家都在「競爭中實現合作」。在這種前提下，任何人都不應該去期待其他各方會遵循一個自己憑藉着自己樸素的主觀願望而臆想出來的道德與行為標準。

電影人雖然都是同行，但卻並不是來自於同一個「單位」。

除了超大型的電影公司，一般的電影工作人員連社保都得自行解決，那麼日常生活肯定也是自負盈虧。

有戲的時候大家就會被臨時整合起來，而沒戲的時候就得各自討生活。當找到下一單之後，就又要和另外的電影人一起，在另外一個時空中再次被臨時整合起來，然後不斷地循環迭代。

這種鬆散的生產要素組織方式，必然讓背後的生產關係變成複雜的「江湖」。

但這並不是電影行業所特有的情況。

在任何與賺錢有關的江湖之中，從業人員的成份其實都是

「三教九流」甚麼都有，大家的教育背景、專業技能以及價值觀體系等都有比較大的差異。

純粹的「壞人」肯定是很難在江湖當中長久生存的，畢竟「出來混遲早是要還的」。但「好人」和「壞人」這種稱呼其實都是非常抽象的，根本無法脫離具體的「立場」而單獨存在。而如果你經常看我的電影，你就會發現哪怕是劇情中那些十惡不赦的變態殺人犯也都會在台詞裏說自己是個「好人」，會說自己是「被逼的」。

所以當你明明已經身在江湖，卻非要刻意去區分「善與惡」或「好與壞」，其實都顯得太過於羅曼蒂克。而當你明白娛樂圈當中一個專業的分類領域叫做「表演」，你就應該知道無論你身邊的江湖兒女們表面上看起來是多麼的道貌岸然，當道德風險產生之後，他們全都有可能會不講武德。

在影視娛樂圈，解決這個問題就要求參與交易的雙方都是老江湖，都擁有大量的實踐經驗，然後還要求雙方都雇傭優秀的律師來書寫合同，並憑藉自己強大的江湖影響力，來保證交易的順利進行。

所以「交易成本」是可以按年攤銷的，而攤銷後的交易成本其實就是我們日常所說的「江湖經驗」。

2. 《全裸監督》與潛規則的「逆向篩選」

諾貝爾經濟學獎得主喬治．阿克洛夫曾常年潛伏在二手汽車交易市場之中。

他發現二手車銷售時，賣家掌握的信息與經驗遠遠超越買家。無論是不是專業的車商，只要是賣家，就必然佔據巨大的信息優勢。而即便是「個人車主賣給個人買家，沒有中間商賺差價」的時候，賣家與買家之間的信息不對稱依然是巨大的。

買家需要面對的，基本是個「黑箱」，根本不可能搞清楚車輛的實際狀況。

但買家們既然手持貨幣，也就不會全然沒有解決方法。他們既然知道自己無法掌握車輛的完整信息，而且非常有可能被忽悠，那必然會拚命地「砍價」。

這種砍價不需要懂甚麼「估值方法」，基本就是按照菜市場買菜的原理朝着「儘量低，一直低到談崩為止」的方向去砍。

時間一長，哪怕是車況真的非常優秀的二手車也一樣賣不上好價錢。

這樣一來，二手車的定價就始終無法讓任何一方滿意。

而賣家總是想多賺一點錢，於是「車況優秀的二手車」就全都變成了「場外交易（curb trading)」，或者通過「內幕交易」賣給各種「親朋好友」，根本不會流入二手車市場。

而那些「不幸」進入二手車市場的車輛質量也就越變越差。

這在阿克洛夫的論文當中，被稱作「價格的逆向篩選」。

我在日本製作電影的親身經歷告訴我，日本電影行業的現狀，可能與這種價格的逆向篩選存在一定的關聯性。

在日本電影界，從黑澤明、小津安二郎、大島渚這些天皇級的導演馳騁全球開始，就逐漸形成一種奇怪的「製片黑箱」狀況。影片的製作預算，全憑導演的一張嘴來決定，導演利用個人信用來「包拍」對應的電影。

同樣一部戲，假如天皇級的導演報價說製片預算是N億日元，那就只能以N億日元來成交。

這部戲就是「N億元讓你投，你愛投不投」。

天皇導演掌握的信息肯定遠大於投資人，所以投資人根本無從判斷自己是否被忽悠了。但面對天皇導演，投資人只能選擇接受並含淚砸錢。

可日本的投資人即便不是江湖大佬也總得是日本有錢人，他們興沖沖來到電影圈，當頭就被天皇導演來了一個「燒雞大窩脖，直捅肺管子」，那心裏肯定是苦不堪言。

可按照江湖的潛規則，心裏苦的時候只能「嚼碎嚥了」，絕對不會跟別人說。於是這幫日本有錢人紛紛選擇做「時間的朋友」。

日本的電影投資方很快形成了幾大院線發行集團，臥薪嚐膽幾十年，通過建立採購與銷售同盟，終於實現了「康采恩」（concern）式的壟斷組織。

「康采恩」是一種鬆散的聯盟結構，其成員之間雖然各自還保持着法律主體上的獨立性，但卻對產品的採購方式、成本控制以及質檢標準達成了壟斷協議。一部電影在康采恩成員之間能夠得到的投資額度不可能有太大差異，而電影製作完成之後的發行放映也由康采恩成員之間相互協調，形成銷售壟斷。

荷里活電影發展到今天，在全世界幾乎都追求「同步放映」，但到了日本市場卻只能等待幾大東瀛發行商開會之後才能確定發行日期。如果「弓長張三郎」有片子上的時候，「木子李四君」和「三横一豎王五郎」都會通過康采恩來協調出來一個發行窗口。

有錢大家賺，莊家輪流做。

這麼一搞之後，雖然依然無法制衡那一大群電影天皇和電影大將軍，但畢竟歲月不饒人，「滾滾長江東逝水，浪花淘盡英雄」之後，時間的力量會讓所有的血氣方剛都慢慢變老，逝去，逐步消失在人們的視野中，最終都變成了電影江湖的傳說。

可是已經脫離「人格」的抽象康采恩卻並不會變老，而且他們都有「記憶」。

等到面對非天皇級導演的時候，康采恩在談判中的強勢地位馬上就突顯出來了。

日本的康采恩很快就開始拚命壓低影片的製片金額。先從「天皇」開始，然後逐步發展到「公、侯、伯、子、男」的「爵爺」級別，大刀闊斧地縮編投資規模，最終一路走到「村長級」的時候，日本的投資人已經不在乎藝術家的創作尊嚴了。

最後「時間的朋友」讓「天皇級」的「大 N」投資，全都變成了「村長級」的「小 n」投資。

「天皇」口中的「N 億元讓你投，你愛投不投」，很快就變成了康采恩口中的「n 元讓你拍，你愛拍不拍」。

這樣的狀況持續了幾十年，時間的力量讓天皇級別的導演慢慢地都逝去了，而爵爺們也都已經四散奔逃。雖然製片價格體系依然是黑箱，但製片預算規模卻無論如何也漲不上去了。

你可能覺得，日本畢竟是個發達國家，金融產業很發達，完全可以向社會募集資金來拍電影啊，大不了還可以搞「眾籌」。

發達市場的一大特色就是「行業外資本」也不傻，他們的投資渠道可以有很多，根本不會接受「化緣式融資」。而即便有某一部獨立電影走了「狗屎運」，真的是自籌資金拍完了，也照樣逃不出康采恩的發行網絡。

而如果某個東瀛大佬明明知道銷售渠道完全掌握在別人手裏，還是要義無反顧進入娛樂圈的話，那他投身江湖的目的肯定不會是為了「支持藝術」。

在今天的日本電影產業當中，不確定性已經非常低。每一部影片在獲得投資之前除了沒有成片，其他的一切幾乎都已經被確定了。那你說日本人還何必搞大投資的電影呢？小片、小場景、小製作、小步快跑快速上映，穩步提高資金周轉率難道不是最佳的商業模式麼？

可如果我們承認電影是工業，那就也必須承認「投資」是工業生產非常關鍵的生產要素。如果資金被縮編了，電影就真的成了快速消費品。而當日本的動漫、遊戲等娛樂產品都已經能憑藉高成本大製作馳騁全球的時候，日本的真人電影在全世界的影響力反而不如四十年前了。

以前，如果你喜歡日本電影，你看到的是《亂》和《蜘蛛巢城》。但現在，如果你還依然喜歡日本電影，你看到的是《禮儀師之奏鳴曲》和《小偷家族》。

你當然可以說影片的藝術質量與投資規模無關，但由於沒有新的資金支持，日本電影其實已經變成了「統購統銷」。幾大製片公司共進退，除了能夠絕對確認產權的漫畫改編、小說改編、電視劇改編等類型的版權改編項目之外，幾乎不會給新人藝術家嘗試創新的機會。

你可能會想，那不是還有境外投資麼？日本藝術家可以找美國的資本家來投資啊！

沒錯，美國的投資人從黑澤明的時代開始就已經在投資日本電影了，美資也確實給黑澤明投資了《虎！虎！虎！》。

但你記得麼？那片子還沒拍到一半，黑澤明就被開除了。

而現在的美國公司去日本投資的項目是《全裸監督》這個類型。

在《全裸監督》這個劇集裏，日本導演確實是沒被美國製片人開除。

但請你再讀一遍這部劇集的劇名。

日本同行的投資被逆向篩選掉了，他們的工業還怎麼發展？

3. 只強調「熱愛」的老闆不可能有好員工

諾貝爾經濟學獎得主安德魯．米高．斯彭思常年研究美國勞動力市場，發現老闆總是在指責磨洋工的工人太多，總是認為自己支付的工資被浪費掉了，絕不想漲工資。而員工則認為到手的工資實在太低了，逐漸也就喪失了勞動的積極性。

可定價權在老闆手裏，為防止自己吃虧，老闆們就會不斷地降低工資。

但工資太低了，那些盡心盡力努力工作的好員工反而感覺自己被坑了。在發覺自己的勤勞並不會讓自己致富之後，原本很優秀的員工肯定也受不了。他們要麼也開始磨洋工，要麼乾脆離開自己原來的老闆去另謀高就。一來二去，原來的老闆那裏磨洋工的人就變得更多。

這種奇怪的狀況，就被斯彭思稱作「勞動力市場的逆向篩選。」

我在荷里活製作電影的時候，曾經和美國電影工會有過長期的合作與鬥爭。

我發現荷里活的工會組織與資本家之間的鬥爭，其實是在無意識中對抗這種「人力資源的逆向篩選」。雖然荷里活的幾大工會，都在不斷與片方的鬥爭之中提高了電影產業工人待遇，但在同樣的過程之中，為了能夠爭取到更高的薪酬待遇，工會也得提升電影產業工人的職業技能，並將職業進行「等級劃分」。電影工會體系內熟練的產業工人才能被指派給成本更高、製作更複雜的電影項目。這樣一來，工會內部能夠得到高端工作機會的工人所領取到的工資肯定也會變多。而且工會行使「集體談判權」之後與雇主擬定了遠比一般的合約更加完善的「工會合約」，清晰地約定了單位時間的勞動力價格，並將工人在單位時間內能夠完成的工作的數量與質量都做了詳細的規定。如果你要求工人加班，那就必須支付非常高昂的加班費。

這種狀況肯定增加了製片人的管理難度，但是也讓製片人可以通過提升管理的準確度，在工會合約的限定區間裏降低成本。

畢竟作為高工資的對等條件，接受了工作任務的熟練工會工人絕對不能在工作過程中掉鏈子。因為掉鏈子的後果，就是無法進入工會下一輪的「雇傭名單」。

但荷里活的工會並沒有因為強大的「工會合約」而對勞動力市場進行壟斷。

對於非熟練工人和價格較低的項目，幾大電影工會全都選擇了「抓大放小」。這就在提升熟練工人待遇的同時，又為非熟練工人留了一條自力更生的路，變相完成了技術工種的梯隊建設。

優秀的工作人員，是應該被視作「資產（asset）」而不是「成本（cost）」的。

如果他們都是資產，那麼支付給工作人員的工資，本質上是我們能夠使用這些資產而支付的「租金（rent）」。

所以江湖上的「一分錢一分貨」其實也是個從大衛．李嘉圖（David Ricardo）開始就發現的基本經濟學原理。在李嘉圖的理論當中，使用「獨佔性資源」而所需要支付的任何類型的費用都得算是「租金」。

而獨佔性越強，質量越高，租金自然也越貴。

但在現實的工作當中，太多的國內同行都將注意力放在了更先進的機器設備上面，願意花天價採購或租賃全世界最頂尖的機器設備，認為只有鋼筋、鐵骨、光學鏡片和高端芯片才是資產，才願意花大價錢。

很少有人願意花心思去建立一個更加完善的競爭環境，讓工作人員感受到「能力提升」與「收入提升」之間的對應關係。

而當娛樂圈確實需要解決人力資源問題的時候，各方就都開始強調「熱愛藝術」，甚至將「熱愛藝術，甘於奉獻」寫進了招聘廣告裏面。

可是如果你去詢問任何一個在國內電影行業堅持工作的普通工作人員，他們未來的職業生涯規劃是甚麼？

你期待聽到的答案想必是「提升崗位技能，提升自己的片酬，提升自己的藝術修為」。

但你實際得到的最頻繁的回答恐怕是「再堅持幾部戲，攢點錢回家開飯館」。

請你不要驚訝，人類是懂經濟學的生物，養家糊口是很嚴肅的事情，不是拍拍屁股喊個「熱愛藝術」的口號就能糊弄過去的。

而當你在抱怨工作人員「不敬業、不學習、不願提高業務水平」的時候，你是否還能記得起初代博弈論當中的「最小最大解」？

如果針對荷里活的所謂技術優勢進行量化分析，那在機器設備層面上我們與荷里活唯一相差的就是從最新產品下單到產品送貨交付之間的這一點點等待期。

畢竟工業化生產的電影設備，生產出來就是用來賣的。

只要某些國家還沒有愚蠢到開始對電影設備實施出口管制，那獲得最優秀的機器設備就只是個「打錢」的問題。

現實情況是，我們在機器設備方面與荷里活的差距其實非常小，根本沒有任何「代際差異」。而我在日本製作《唐人街探案 3》的時候，甚至明顯感覺到我們在機器設備方面已經領先日本至少五至十年。

這就肯定不是硬件的問題，而是人的問題和競爭環境出了問題。除去形而上的意識形態差異不談，本質上還是人的管理與激勵機制出了問題。

好巧不巧，荷里活的「東廠」與「西廠」不僅僅是資本的百年老店，更是優秀電影工作人員和管理團隊的百年老店。他們的優秀工作人員，幾乎可以確定自己在提升了職業技能後必然能夠獲得更加優秀的薪酬價格。而普通的工作人員，在感受到了這種正向激勵之後，也會更加努力地提升自己的個人勞動素質。

而且荷里活的「西廠」在過去的一百多年來產業傳承從未中斷過，不僅打下了堅實的勞動力基礎，還企圖將全世界其他國家的優秀工作人員吸引過去，搞「跨境人力資源外包」與梯隊建設。

而反觀國內，咱們的電影同行們還有很多人在以裙帶關係、血緣關係、族群關係、地域關係，甚至是與決策者的個人關係來判斷勞動力的薪酬價格。這從「跑江湖」的角度看無可厚非，但肯定不是一種針對「電影」這種現代智能化工業產品的有效激勵機制。

但荷里活並不止步於「西廠」，他們還將自己在人力資源方面的經驗與方法論向其他國家「輸出」，然後將其他國家的人才「進口」到自己的項目裏面去。

當我在日本製作電影的時候，很多我能夠通過荷里活工會數據庫查到詳細工作記錄與過往業績的熟練日本工人，比如製片經理和製片會計這些管理崗位，大都已經被 Netflix 或者 Amazon 這類的美資企業搶先一步以「長期合約」的方式壟斷了。

很明顯，荷里活的「西廠」還在發展，但「東廠」已經開始在日本市場搞優秀人力資源的「獨佔經營」。

從這個角度再仔細想想，我們所看到的日本真人電影最近的所謂「復興」，恐怕是荷里活「東廠」在日本分廠的復興吧。

五｜套現退出！

把自己變成一個華爾街對沖基金

01
「風險對沖」的起點是「搞懂江湖」

1. 「小鮮肉對沖」咋就能導致「商譽減值」呢？

在絕大部分的江湖裏面，是完全沒有必要去刻意區分「好人」或者「壞人」的。

因為在沒有明確規則的情況下，很多人的利益取向都是完全糊塗的，而且「糊塗人」根本不知道甚麼是對自己好，甚麼是對行業好，也就根本不可能知道甚麼是對這整個社會好。

行業毀掉了，社會完蛋了，對誰都不好，但糊塗人們根本意識不到自己做了些甚麼。這種狀態會讓那些清醒且努力的人感到很絕望。那些傢伙們發現自己已經無力回天之後，必然會選擇離開這樣的行業，但這種離開在客觀上又會讓剩下的人裏面的糊塗人比例變得更高。這種情況會進一步讓糊塗人裏沒那麼糊塗的人感到處境尷尬，然後循環迭代留下一幫「糊塗蛋」，不僅彼此之間互相傷害，還繼續讓「糊塗」的濃度越來越高。

這種「糊塗蛋互相傷害」的狀況，被諾貝爾經濟學獎得主約瑟夫．斯蒂格利茨總結為「經濟社會發展的逆向篩選」。

斯蒂格利茨認為，如果普通人始終處在信息不對稱當中，那他們必然會不分好壞，而這種情況的結果就必然是損人害己。

在他的理論中，「信息不對稱」會導致「道德風險」，而「道德風險」則必然會帶來「逆向篩選」。

那麼問題來了，請你猜想一下，我們影視娛樂行業的信息透明度是怎樣的狀態呢？

答案很簡單，無論中國還是荷里活，所有的名利場都是非常不透明的。

那你就可以活學活用一下諾貝爾經濟學獎得主的推理方式了。

可是在你對江湖兒女這個群體進行「道德審判」之前，我想再提醒你一下，娛樂圈喜歡搞「神秘主義」的這種傾向，其實是這個行業的商業模式所決定的。神秘主義未必是錯誤，但更關鍵的問題是究竟該在甚麼情況下使用神秘主義。

如果咱們從終端消費者的角度去思考影視娛樂行業，那這肯定是一個以創意為核心競爭力的行業。

而所謂創意，主要是體現在「劇情」當中。但劇情其實就是一層窗戶紙，捅破了就沒意義了。你和我都同樣痛恨「劇透」就是這個道理。

假如已經有人把劇情全都提前透露了，那讓其他的觀眾還怎麼享受觀影的樂趣？所以這個行業的一大習慣就是強調保密性。而從業人員在這樣的集體潛意識影響下，都養成了對有效信息加以保密的思維路徑依賴。

至於已經白紙黑字寫成了的合同，其實全都是交易成本的產物，未必所有人都能接觸到。而每一份交易合約的格式與內容其實都不一樣，那每一份合同的保密性也必然會很高。

現在我們面對的現實情況是，普通人能夠聽到的明星片酬好像都是天價，但沒有人關心其他崗位上的普通工作人員收入幾何。看到明星片酬你肯定會感到很羨慕，但新聞當中爆出來的天價片酬其實都僅僅是一個數字，根本沒有合同的上下文。如果一份合約的詳細內容不明，那即便是相同數字，合約規定的權利義務範圍很可能完全不一樣。

「天價明星」其實全行業一共也沒幾個人，大部分普通人的交易合約細節根本沒人關心。

而即便是價格相同的合約，在履約的時候需要你「每天在戶外工作二十小時，連續工作一百五十天不休息」和要求你「每天在有空調與衛生間的標準隔音攝影棚內工作五小時，每週工作五天加雙休，總共一百五十天」所對應的合同實質也肯定是天差地別的。

當這些信息全都保密的時候，你其實並不能搞清楚究竟和誰合作才是更優的選擇。

可是投資之前總是需要一些投資決策的，不然你讓大佬們怎麼砸錢？

那自然就會有人將可以公開的東西當成是投資決策的數據依據。

很多大佬投資人在內心深處其實始終都停留在「消費者」的階段，根本沒有認識到自己其實已經是娛樂產品的「生產者」。從本質上看，其實就是「高端闊佬追星族」。

而在娛樂圈裏，大家最不願意藏着掖着的就是自己的「名氣」。

古語有云：「上有所好，下必甚焉。」

既然大佬們喜歡名氣，而名氣又可以被包裝成「流量數據」，那麼「超級流量王」就必然會接連不斷地出現。而基於流量的算法也很快就變成了「製作費、片酬及其他收入」增加的數學依據，被放到霸道總裁的辦公桌上。

當娛樂圈的絕大部分信息都保密的時候，只有「流量」充滿了信息透明度。

於是在娛樂圈裏，「有數據」成了很多娛樂產品最重要的衡量因素，一套脫離藝術本身但卻充滿確定性的資金循環公式出現了：

> 有數據支持就證明這人是明星，
> 有明星支持就會有更好的數據，
> 數據表現好的劇集採購價格就貴，
> 沒有數據支持的採購價格就便宜。

雖然我們所有江湖人士都知道無論是「千億點讚數」、「機場粉絲團」、「超級流量王」，還是網友「打分」與「評論」，其實全都可以付費「人工干預」甚至是「人為製造」出來，並通過付費的宣傳渠道放出去。

但我們卻都不願意脫離這無聊的「確定性」。

於是賣方究竟需要花多少錢「做流量」，其實也就成了一個簡單的小學算術題。只要你能搞清楚「數據成本」與「超額利潤」之間的匹配關係，算清楚「灌水費用」與「片酬增量」的投入產出比就可以。

如果張三手裏有個「流量小花」，那李四必須搞個「流量鮮肉」來對沖。

但既然小花與鮮肉都是可以花錢打造出來的，那娛樂圈的金融遊戲很容易就會變成非常具體的「數據對沖」。

這肯定不是金融學意義上的「對沖」，但這種無聊操作確實在影視娛樂行業這種高風險投資領域裏找到了一種「確定性收益路徑」。

我估計全世界的投資人都會對我國這種怪異的藝術投資收益模型表示羨慕。

但同行中依然有一些人對這種確定性的收益結構不滿意。

他們希望引入一個叫做「商譽（goodwill）」的新詞彙，徹底將名氣與流量變成可估值可銷售的資產，然後以幾何倍數放大後銷售給二級市場投資人。

但「商譽」其實並不是「商業信譽」的縮寫，而是一個專門的金融學名詞。

基於傳統的會計師準則，在可公開叫價且可以公開交易的資本市場當中，凡是超越「公允價值（fair value）」之外的「價格」，因「收購與併購（merger and acquisition）」而被計入上市公司財務報表時，就應當計作「商譽」。

作為一個娛樂圈的老戰士，我覺得「商譽」的這個金融學定義真的是非常江湖。

這根本就是舊社會梨園行當裏的「隨爺賞（pay-as-you-wish）」啊！

可是娛樂產品的特殊性就在於其進入市場銷售之前，是沒有人能夠準確知道其「公允價值」的。除非掌握了複雜的操作技能，否則很少有人可以把電影、電視劇、綜藝、網劇等直接拆散後還原成「零件」進行銷售。

但這肯定難不倒金融領域裏的那些創新小能手。

他們很快發現，當「明星」這種生產要素被作為一項成本來進行銷售與採購的時候，一直都有各方承認的「市場價格(market value)」，而這稍微整整容就可以號稱是娛樂行業內的「公允價值」。

而基於商譽原本的金融原理，如果你確定了公允價值，那只需要賣家和買家進行一次自願交易就可以了。

於是一切估值方法都變成了主觀上的「我以為」和「我覺得」。只要上市公司的管理層認為價格合理，立刻就可以收購數據明星的經紀公司和工作室，然後大家開開心心地等待「商譽減值」並收割韭菜。

你也許覺得這是中國投資人通過跟國際接軌才學會的新技能，畢竟韓劇裏演的明星不都是經紀公司的財產麼？霸道總裁組成明星家族，歐巴帶露娜，組團上市 IPO。

不好意思！這只能是一種韓劇看多了之後產生的確定性偏差。

在現實世界裏，哪怕是在韓國也不完全允許把藝術家或者藝人直接「資產證券化」。而荷里活那麼多明星經紀公司，更沒聽說過誰是上市公司的資產。哪怕是徹底執行資本主義制度的華爾街，由於曾經有個叫「林肯總統」的江湖大佬在清朝末年就已經廢除了奴隸制，那想把「人」直接變成「資產」出現在資產負債表裏是很困難的。

但在我們中國娛樂圈的這個「新興市場」當中，這種事情卻在不斷發生。而這種幾何倍數的資產放大效率，必然會把那些只想「好好出作品」的人擠走，要麼轉行，要麼浪跡天涯。

咋就擠走了呢？

因為投資人希望藝術家去「搞數據對沖」，而不希望他們「搞藝術」。

當藝術家失去了資金支持的時候，他們是很難在影視娛樂行業這種資金密集型的產業當中存活的。而基於金融領域的馬太效應，大量的資金都會富集到數據明星及其周邊產業當中。

可如果你自己就是個數據明星，你也別幸災樂禍。

畢竟數據對沖並不是個能夠長久持續的業務模型。

無論這種數據算法是人腦中某種思維慣性還是某種計算機模型，都會讓數據逐步脫離藝術本身，並會加劇資本家對藝術家的輕視，讓資本方原本就不甚完善的鑒賞力變得更加退化。

但是「有錢任性」的黃金法則並不會覺得尷尬。全行業很快就會產生「數據崇拜 (data fetish)」，並最終讓整個影視娛樂行業全都陷入逆向篩選。

你昨天還覺得自己是個數據明星，明天可能就變成了「可確權、可抵押、可轉讓」的資產。而如果人徹底變成了資產，那一般被稱作「奴隸」。

在人類的近現代金融史當中，恐怕只有美國南北戰爭爆發前的南方各州才允許會計們將奴隸放進上市公司的資產負債表當中。

當行業整體都進入了數據崇拜的狀態之後，最痛苦的肯定是那些有藝術追求且希望努力去超越社會平均生產力水平的藝術家。但可惜的是，電影這個複雜系統的控制論原理已經決定了作為個體的藝術家在面對強勢的資金系統之時，是很難取勝的。

等到整個行業的平均水平崩潰之後，你將經歷的可能不僅僅是商譽減值，而是會蛻變成隨波逐流的浮萍，最終淪落成任人收割的草芥。

成為一棵韭菜。

2. 華爾街的「做空」與荷里活的「雙向大對沖」

今天的華爾街對沖基金經常會使用「做空」這個詞，讓人感覺好像很高級，但做空的本質與邏輯其實並不複雜。簡單說就是把你暫時買不起也還不屬於你的資產先借回來，以一個「約定的價格」用紙面合約先賣給其他投資人，先收錢。但在「合約約定的交割日期」到來前你暫時還不需要交貨。

可是你賣出去的資產其實是借來的，根本無法交貨怎麼辦？

這時你就要看你是否會遇到真正的「做空時機」。當對應資產的價格在你交割日期之前跌落到低於你們曾經「約定的價格」之時，你的做空時機就來了。

因為如果對應資產的價格暴跌，你肯定是可以花錢將借來的資產以「低於合約價格」的當期價格從資產的原主人那裏買回來交貨。而如果當期價格跌穿了地殼，那你不僅能夠交貨，還能狠狠地賺一筆差價。

這個過程需要你對整體的資產價格波動有準確的預感。只有對應的資產的確如你預言的一樣暴跌你才能賺錢。

這聽着是不是有點刺激？完全就是讓「烏鴉嘴」來賭未來。

我國的金融市場是不允許在二級市場做空的，但你依然可以通過看電影來搞清楚甚麼叫「大做空」。2015 年，荷里活上映了一部叫做《沽注一擲》（*The Big Short*，亞當．麥奇導演）的電影，講的就是如何通過「做空美國」來盈利。

影片中的原型故事，發生在 2008 年全球金融危機爆發前的那一小段時間內。這部電影演員陣容群星薈萃，由「體重管理達人」基斯頓比爾（Christian Bale）帶隊，輔佐以畢彼特（Brad Pitt）、賴恩．高斯寧（Ryan Gosling）等一批大明星。

影片中的幾位主角們在全球經濟危機到來之前就已經通過推理及預感，預判出華爾街盛行的次級貸款業務模式及關聯債券即將崩盤，並通過反覆的數學建模與實地調研，證明了自己的預感是有底層數據以及事實邏輯支持的。

幾個團隊紛紛利用高槓桿來做空美國金融市場。

結果 2008 年金融危機真如他們預判的洶湧而來，大量美國金融機構破產倒閉。但影片幾位主角卻賭贏大盤，成為金融風暴跌跌不休的市場中的少數盈利群體。

影片中賺錢團隊的制勝法寶其實很簡單，只是「做空美國」而已。

如果非要說他們做了甚麼具體努力的話，那就是他們支付了一些實地調研的交易成本，去美國各地現場驗證了所謂擔保債務憑證的底層價值。

就憑藉這一點點調研成本，他們就確認了大量的 CDO 從業人員根本就沒有任何職業操守，而大量的 CDO 產品也根本就沒有任何價值支持，這個類型的資產很快就要崩潰。

史上最不起眼的「空軍」，遇上了近百年來最大經濟危機。

美國經濟差點崩潰。電影裏的幾個「小空軍」成功利用金融槓桿做空美國，憑藉最基礎的交易成本理論發了大財。

在允許合法做空的資本市場當中，做空可以起到一種警示作用。因為任何人在面對自己的資產之時，都有「被別人做空而讓其他人盈利」的可能性，那麼出於人類保護自己的本能，原資產的所有者（owner）必須小心謹慎，認真做好自己的生意。這就會激勵資產所有者都要認真對待所有日常業務，避免出現「有錢任性瞎胡整」的事件或醜聞，被別人利用來做空。

所以在規則完善且監管嚴格的金融市場裏，合法的做空並不一定是壞事。

可做空別人的資產是個絕對的技術活，你要賭別人的資產價格肯定會下跌，那是非常考驗眼力和判斷力的。想要做空別人，那你必須得比資產的原主人還要更加了解對應資產的狀況才行。這麼看起來，如果你要做空你自己肯定是比較容易的。但嚴格意義上說，做空自己其實就是江湖上常說的「做局」。

所以即便允許做空的國家，要做空自己也都是違法的。

但如果你仔細想一下，金融市場當中的做空其實往往都是和做局摻雜在一起的。因為一旦你想要做局的想法被暴露出來，就立刻會有其他比你更狠的人將這個消息撿起來，拿來做空你。

所以在金融投資的江湖當中，做局與做空其實經常同時出現。而在影視娛樂圈這個另類投資的江湖之中，真實事件的慘烈程度並不輸給《沽注一擲》這部電影。

但中國的江湖規矩一般是「只做不說」，所以你很難通過公開渠道獲取此類事件的技術參數與操作細節。

而荷里活與華爾街一直都「不講武德」。

他們根本不講究中國江湖裏的這套「做人留一線，日後好相見」的規矩，時不時就會出現幾個狠人，用虛構故事的方法來講真實的道理。

1968 年，深受「東廠」製片人折磨的編劇兼導演梅爾·布魯克斯（Mel Brooks）決定將「娛樂圈雙向大做空」的「葵花寶典」公諸於世。他攜手電影製片人西德尼·格雷澤（Sidney Glazier）推出了一部以舞台劇製作人為主角的電影《製片人》（*The Producers*）。

在英文當中，舞台劇的「製作人」和電影的「製片人」，以及《資本論》當中「生產者 VS 消費者」中的那個「生產者」，其實都是同一個詞，叫做 producer。所以《製片人》這個片名很明顯就是他倆想通過自己的親身經歷來介紹甚麼叫「量化寬鬆」外加「做空自己」。

《製片人》的主要劇情設定是 1950 年代的百老匯。

男 1 號「小白」是一個懷揣製作人夢想的會計師，偶然的機會去幫助百老匯最失敗的「老炮製作人」做會計記賬服務。兩人在核算賬目的時候，意識到百老匯音樂劇其實和華爾街的股票一樣可以通過做空來盈利。

兩人一拍即合，先按照預算的 N 倍進行融資，搞量化寬鬆，這樣就可以賣出總量達到 100% 總股本價格 N 倍的股權採購金。兩人同樣也商量好了，在融資完成後，壓縮預算用最低成本進行舞台劇製作，並刻意製作出一部超級大爛戲。只要這部戲足夠爛，那它在首演當天搞一次「劇場一日遊」之後，就可以快速進行清盤結算。

老炮製作人邀請小白會計師一起擔任製作人，兩人搭檔組成「金牌做空組合」，打算共同策劃並製作出品一部百老匯歷史上「成本最高，劇情最爛，演員最差勁」的「三最」歌舞劇。項目的名稱非常邪門，居然叫做《希特拉的春天》(*Springtime for Hitler*)，很明顯，他倆定的舞台劇男主角是「阿道夫．希特拉」。

倆人企圖用極端政治不正確的方式，以歌舞鬧劇的手法描述四十年代時發生在歐洲的戰爭悲劇，直接通過「噁心觀眾」來達到讓票房「確定性仆街」之目的。至於演員陣容，那更是胡來，扮演希特拉的男演員一定要找價格非常高的「票房毒藥」。

而對於女主角，金牌做空組合也不客氣，直接就讓自己的心動女生擔綱上陣，排練還沒結束就變成了女朋友。

沒有人能比他倆還懂自己心裏的那本賬。

按照善良人類的正常邏輯，《希特拉的春天》這部戲的製作人面對的融資問題從數學的角度看並不複雜。

問題：

這部戲全部預算是 100 萬美元，所以需要融資 100 萬美元。

條件：

將對應的資產證券化之後發行 100 股，以對應 100% 的股權。

每股起始價格就是 1 萬美元。

解法：

賣掉了 100 股之後，就融到了 100 萬美元。

可是注意！

這個電影裏的「老炮加小白組合」不是正常人！

他倆打算做空自己！

當你要做空別人的時候，你需要從別人手裏去借一點資產。但這個金牌做空組合要幹的是做空自己，那他倆連找別人借這個動作都省了，直接就自己決定額外發行了 300% 的股份進行銷售。

累計銷售 400% 的股份，對應也就募集到了 400 萬美元。

但這其實等於是讓所有的投資人按照「原始股」的價格購買了「稀釋後」的股份。

這時候做空自己的機會就出現了。

如果《希特拉的春天》項目發生嚴重虧損，最多也只能虧掉預算本金的 100%，也就是虧損掉 100 萬美元。在這種情況下，稀釋後的每股都要虧損 1 萬美元。

可如果《希特拉的春天》真的發生了 100% 的虧損，在現金層面其實只虧掉了 100 萬美元，而製作方的現金餘額仍然有 300 萬美元。

這時如果金牌組合對投資方進行清盤結算，就可以將超售部分的股權出讓金全都洗進自己的腰包，通過做空自己大賺 300 萬美元。

雖然在百老匯完全虧損掉 100% 的事情是比較罕見的，但這種統計數據的偏差並不妨礙金牌做空組合賺錢。

假設《希特拉的春天》項目發生了 30% 的虧損，以融資時每股 1 萬美元的價格計算，那他們在清盤結算時需要每股支付給投資人 7 千美元。

由於存在超售，他們需要支付給稀釋後股權投資人的金額其實是 400 萬 × 70%=280 萬美元。

而一開始融資時拿到的總金額是 400 萬美金，那麼 400－280=120 萬美金。

這時金牌做空組合仍能淨賺 120 萬美元。

請注意，這是在項目發生了 30% 的整體虧損時，所有的股權投資人都虧損 30% 的情況下，金牌做空組合賺到的 120 萬美元。

所以他倆都明白，只要確保《希特拉的春天》是個票房毒藥，那他倆賺多賺少就是個簡單的數學計算題。

只要公開財務報表上顯示股權投資人在虧損，金牌做空組合就肯定在賺錢。

他倆唯一需要擔心的，是項目萬一「整體盈利」的話該怎麼辦？

因為項目一旦盈利，那麼在進行結算的時候就不僅需要支付本金，還需要支付利潤。假設《希特拉的春天》盈利 30%，那麼 100 萬美元的成本對應的是 130 萬美元的票房總收入。

可不要忘了，他們賣了 400% 的投資份額！

他們在結算時，需要向股東支付 400 萬 × 130%=520 萬美元。

可是他倆一共只收入了 400 萬本金加 30 萬利潤，累計 430 萬美元。

簡單數學題，520 − 430=90 萬美元。《希特拉的春天》項目盈利 30%，金牌做空組合就會虧損 90 萬美元。

盈利越多，他倆的虧損反而就會越多。

而基於做空的簡單算術原理，他倆是完全不可能也絕對沒有能力按照 100% 的 N 倍作為計算依據來拿出對應的盈利款分紅給投資人的。

所以《製片人》這部影片中的兩位製作人，為了保證自己的收益，最需要做的就是讓製作管理的混亂程度達到極致。

他們也確實是這樣做了。

可是天不遂人願，在《製片人》後續的電影劇情當中，劇中的那部《希特拉的春天》開演後卻火爆異常，一票難求，投資收益爆表，他倆自己做空自己的計劃完全失敗。

但上面描述的都是電影的劇情，在真實世界裏，《製片人》的電影製片人採用的是「做多自己」的投資策略，長期持有這個故事的知識產權。這部電影的成片效果非常好，1968 年上映後很快就成為了電影院票房的大爆款，並獲得了無數電影圈獎項。接着這對真實世界的製片人哥倆持續做多，使用同樣的版權改編成了百老匯舞台劇《製片人》。這個舞台劇從首演之後就一票難求，連續演出了幾十年，一直演到新冠肺炎全球大爆發之前。

以真實世界的金融原理來看，製片人梅爾·布魯克斯與西德尼·格雷澤其實是通過講一個「做空自己」的故事來實現「做多自己」的目的，也算是「雙向大對沖」。

可為甚麼美國的觀眾總是願意看這個老故事呢？也許是因為這種商業模式從來都不曾消失。

於是在 2005 年的時候，《製片人》這個原本由電影改編的舞台劇居然又被重新翻拍成了電影。

故事還是那個老故事，百老匯也還是那個百老匯，娛樂圈也還是那個娛樂圈。

3. 想搞「對沖」就先分清「做多」與「做空」

單體的電影項目，是一個不斷發展變化的過程。

從最初構思到最終上映，都是不斷地在「空想」與「實踐」之間相互作用。每個階段的風險敞口都不同。

影視娛樂項目投資本身購買的並不是「現貨」，而是一種「期貨」。這不僅讓電影和電視劇的投資結果充滿了不確定性，還讓交易價格變得跌宕起伏，更使影視娛樂這門生意天生具備了類似「金融標的物」的特點。

參與項目的階段越早，成本就越低。

但同時，參與項目的階段越早，項目夭折的可能性也越高。

這就需要你有本事把未來的價值提前挪到今天，通過「乾坤大挪移」來實現「套期保值」。而在金融投資市場，這種操作就叫「對沖」。

「對沖」這個詞，今天最經常被用於股票市場當中，而今天的「對沖基金」也都在大談特談「結構化投資」和「金融工程」。但這個詞最初並不是股票二級市場的專利，它的本質只是利用資金用途之間的矛盾關係去做交易結構設計，不僅要用自己在某個方向上的「成功」去覆蓋另外方向上的「失敗」，還可以利用其他人在某個方向上的「鼠目寸光」來使自己在同一個方向上的「遠見卓識」獲益。

對沖的本質邏輯歸根結底，就是利用不同方向上資金額的比例關係去使相關風險得到有效管控。

人類歷史上第一個使用對沖思維來投資賺錢的人，叫做阿爾弗雷德．溫斯洛．瓊斯（Alfred Winslow Jones）。

和我一樣，他也不是學金融起家的。

更一樣的是，他最初的經濟學世界觀也是通過閱讀馬克思的《資本論》來建立的。瓊斯的教育背景是社會學，他對經濟的基本認識大都是來自於德國柏林的馬克思主義工人夜校（Berlin Marxist Workers School）。

瓊斯雖然是個美國人，但在二戰之前一直都在德國柏林參與地下工人運動。在那個過程中，他不僅加入了列寧主義組織，還找到了一起幹革命的人生伴侶。可希特拉的上台讓德國本土的列寧主義信徒都被納粹黨清洗掉了，瓊斯也只能倉促逃回美國。

在偷襲珍珠港之前，美國政府其實對納粹的態度非常曖昧，對馬克思主義更是嚴加防範。於是瓊斯在輾轉多方後前往了西班牙，並在那裏與著名作家海明威成為了酒友，妥妥的成了一名「文藝青年」。西班牙內戰爆發後，瓊斯很自然地加入了共產國際指導下的國際縱隊，和來自各國的國際主義戰士們戰鬥在一起，最終晉升成了「戰鬥文青」。

西班牙內戰以弗朗哥政府獲勝為結局，而弗朗哥是受德國納粹支持的，那就意味着瓊斯在西班牙也待不下去了。

他只能再次回美國去謀生。

1941 年，回到美國後的瓊斯將自己參與工人運動的經驗與知識進行了總結，發表了名為《生活、自由與財富：一個關於衝突的故事以及一套衡量相互衝突的權利的方法》（Life, Liberty, and Property: A Story of Conflict and A Measurement of

Conflicting Rights）的論文，充分從平民的角度認真討論，揭示了民眾對大型壟斷型工商企業的看法。在那之前，大部分的投資分析師（buy-side analyst）都只關注直接的價格波動，很少有人關注不同利益群體（interests group）之間的利益衝突。在那之後，瓊斯聲名鵲起，還成為了《財富》（*Fortune*）雜誌的撰稿人，並持續從理性角度分析資本市場的起伏。

終於在 1949 年，他發表了自己的封神之作《目前幾種時髦的預測市場的方式》（Fashions in Forecasting）。

在這篇文章中，瓊斯認真分析了那時候資本市場上流行的幾種財務預測方法，並基於自己的社會學背景和工會鬥爭經驗，提出了自己的技術分析模型和投資策略。多年的工會鬥爭經驗以及與工人同吃同住同勞動的生活經歷讓他深知賺錢的不易，所以他在投資風格上屬於非常明確的「風險厭惡型（risk averse）」。

這種風格顧名思義，就是務求保本且絕不賭博，不期待短期暴富但求基業長青。

他在認真分析了不同投資方向之間風險的關係之後，提出了一種讓不同利益群體之間相互產生對沖，相互抵消掉風險的特殊投資思維。還成立了自己的投資機構，專門從事「風險已經被對沖掉了（hedged fund）」的投資業務。

這其實就是今天的「對沖基金」的前身。

但那時候，瓊斯其實還沒有拿到美國的「資金從業資格」，這導致他無法公開打廣告募集資金，也不能公開說自己其實已經偷偷轉行做投資了。但如果你還記得他曾經在德國納粹眼皮底下做過「地下工作」，和西班牙法西斯掰過手腕，那你就可以確認任何的繁文縟節都根本不可能難得住這位「戰鬥文青」。

瓊斯註冊了一間普通有限責任公司作掩護，幹起了對沖基金！因為按照美國當時的相關規定，只要他的普通有限責任公司股東人數低於 99 個，他就不用接受華爾街的監管。而從實操的角度看，當時的這位「戰鬥文青」其實也根本找不到超過 99 個資本家給他砸錢。

後續的事情就都是歷史了，業餘搞投資的瓊斯憑藉着「對沖」這個創新性的投資策略一騎絕塵。原本只是想保本的初代對沖基金，卻在投資回報率上超越了絕大多數的專業競爭對手。

如果我們今天去分析瓊斯的成功經驗，得出的結論很簡單。雖然任何人都可以使用並掌握風險對沖的原理，但真正實現對沖的核心秘訣卻不僅需要完善的金融專業知識儲備，更需要對社會的實際運行狀況有清晰的認知，並能準確地識別每一項具體的資金風險背後真正的成因與應對手段。

今天在成熟金融市場裏，對沖基金的概念已經很寬泛。而華爾街對沖基金的投資範圍並不僅僅限於股權、期貨和其他金融衍生品買賣，很早就進入了電影產業。

而且如果你今天想搞對沖，根本不用註冊基金，有錢就行了。

但門檻降到如此低之後，你依然需要先了解清楚「投資標的」背後的實踐規律，找到不同投資方向之間此消彼長的關聯性，然後才有可能利用對應的實際聯繫，將造成某種「風險」的原因轉化成另外一種「收益」的結果。

用金融行業的行話講，這就叫「尋找對沖關係」。

比如冬天氣溫下降之後，室內氣溫必然會變冷，這時正常人肯定會想辦法取暖。而除了自己跺腳打哆嗦可以不花錢，其他的任何取暖方式都必然會發生新的成本。所以在「花錢取暖」這個方向上，可供你選擇的「集體供暖」與各家各戶「自己燒爐子」就已經構成了一組對沖關係。而如果你選擇了自己燒爐子，那究竟是燒煤炭還是石油天然氣，就又構成了另外一組對沖關係。而如果各家的小取暖爐都決定要燒石油天然氣的時候，究竟應該是從中東裝船採購還是從俄羅斯買，然後用管道運輸呢？

只要人們冬天還依然需要取暖，就不可避免地要支付取暖費。那無論最終採用了甚麼採暖方式，總是有人能在做多與做空之間獲利的。

在公開的資本市場中，如果前面的所有選項都已經進行了資產證券化，你就可以直接進行對沖交易。只要你能掌握投資的配比關係，在不同方向上同時做多與做空。

所謂「做多（long）」，從英文看就是「長」買賣，即你希望相對地「長期持有」以等待價格上漲而獲利。所謂「做空（short）」，從英文看就是「短」買賣，即你希望對應的資產價格趕快暴跌而獲利。

設計好了交易結構之後，就可以以煤炭價格的上漲去彌補石油價格的下跌，讓中東石油公司與俄羅斯天然氣公司波動的股價去形成對沖。這些動態變量經過多年的積累，都已經十分完善，很多大型的投資基金已經使用計算機建模完成了對應的計算工作。

但如果你的能力足夠強，你甚至可以親自上場發動幾場戰爭或者顛覆幾個政權，來直接影響全球煤炭、石油、天然氣以及其他能源的供應，並同時在公開的資本市場上做多與做空對應的行業，自己製造「雙向大對沖」。

02
實現對沖的秘訣在於「擁抱江湖」

1. 「流量對沖」既不是「做多」也不是「做空」

當金融領域的投資人進入國內的電影行業之後，做多與做空這類詞語也開始出現在電影票房的銷售當中了。

有一部分自以為自己「很懂金融」的電影投資人，不去研究如何提升製片管理水平，反而希望在影片上映後通過「控制評論」來干擾觀眾的判斷。而另一部分願意「收錢辦事」的影評人，則在拿了別人的錢之後失去了中立性，要麼賣力地吹捧影片，並搞出一串串的「彩虹屁」，要麼打壓對應的影片，將其評價成「宇宙第一大爛片」。

如果要從金融的角度上分析，「彩虹屁」其實只能算是在釋放有利於做多的「利多消息」。而雇傭影評人去「罵街」，去將別人的電影批判得一錢不值，營造出一種「誰買票誰後悔」的輿論場域，也頂多屬於是集中釋放「利空消息」。

這兩種方式，雖然是在搞「流量對沖」，但並不能實現「風險對沖」的真正目的，屬於濫用風險對沖手段。

花錢雇人灌水和搞彩虹屁，在上映之前確實能看到一些效果，但這種效果的性價比與持續性都非常差。只要有第一批真實觀眾買票看完了電影，肯定會產生基於自己親身感受的主觀評價。如果真實觀眾看完電影後並不喜歡，那無論雇傭多少水軍都沒意義。

而當你花黑錢做黑水，發帖子寫長篇大論黑別人的電影，大張旗鼓地宣稱別人的電影是爛片的時候，雖然你以為是在做空對應的影片，但其實只是一種損人不利己的「逆向篩選」。

你花錢找黑水軍肯定是要付費的，但如果你自己不是水軍，自然也就無法從黑水中收費，那你就無法從這種做空動作中盈利。

你都不能盈利那算甚麼對沖？

根據風險對沖的基本原理，如果有人願意主動去做空，那必然需要有對應的做多方案存在，才能形成對沖，否則就不可能盈利。

所以「付費灌水」這個動作根本實現不了「風險對沖」這個目的。

江湖人士之間都是抬頭不見低頭見，不可能存在甚麼真正的深仇大恨。而且佔用公共資源來罵街是有成本的，那就決定了不可能有真正的江湖人士僅僅是為了泄憤而去付費罵街。

而那些自認為自己懂金融的投資人跑到電影行業來，拿着「灌水」當「搞對沖」，只能證明這人的《金融投資學課程》考試不及格。

因為在電影這種「非必需品」的市場內做空別人根本沒有意義，純粹屬於有錢任性的人在亂花錢。

畢竟電影不是汽油，也不是糧食，根本不存在「剛性需求」。

人可以一輩子不看電影，照樣活得好好的。但任何人的生活都離不開糧食和汽油。作為非必需品，不同影片之間根本就無法形成風險對沖的關係。

當市場上有張三和李四的電影同時在上映的時候，如果張三的電影被人描述成大爛片，市場上確實會充斥關於張三的利空消息，但這並不能夠使得觀眾專門跑去觀看李四的電影。李四的電影必須得確實好看才能被做多。

這世界上沒有任何觀眾會因為電影院放映的 A 電影很爛就轉而挑選同樣爛甚至更爛的 B 電影。哪怕是在寸土寸金的春節檔，這個邏輯也不成立。但如果影院上映的所有電影都被描述成了大爛片，那觀眾的選擇其實非常簡單，無非就是「不去電影院」。這時候你其實是做空了你自己所身處的整個電影產業。

如果你無法做多一個真的與電影產業形成對沖的其他產業，那你這麼搞就只能是有錢任性。

可你真的知道哪個產業能和電影產業形成直接對沖關係麼？

所以在電影票房的市場上，根本就不存在通過做空來盈利的可能性。但如果對應的人士想要將利空消息的影響範圍擴大化，直接扯到上市電影公司的股票價格，那就徹底不是另類投資範疇裏的風險對沖了。

在我國現行的股票市場交易規則之下，通過「做空股票」來盈利是根本不允許的。但如果是「莊家」自己先用利空消息打壓自己的股價「建倉」，然後再利用利多消息將股價炒高，緊接着又壓制其他利空消息以方便自己「出貨」，這就不是在做風險對沖了，而是在通過內幕交易來實現「割韭菜」。

在江湖上「割韭菜」這種行為屬於「做局騙錢」，與電影藝術毫無關係。

如果你發現一個電影公司的老闆非常熱衷於「割韭菜」，那恐怕證明該公司壓根就不喜歡電影製片這個業務。而從金融的角度看，如果一個上市企業不喜歡自己的主營業務，那這種興趣偏好恐怕本身就應該被認定成針對這個公司股價的利空消息。

在我國的影視行業做風險對沖，無論是放出利空消息還是利多消息都是沒有實際意義的。既然你無法依靠做空來盈利，那你就必須從製片業務本身想辦法。從宏觀與微觀兩個方向同時發力來實現風險對沖。

2. 「娛樂圈對沖」必須得懂「線性編程理論」

雖然表面看起來都是「拍片子賣錢」，但電影和電視劇這兩個大方向並不能混為一談。

劇集的盈利模式本質上看是 B2B2B，片方其實是向平台買家收費的，而對觀眾而言幾乎是免費觀看。但電影則是面向最終用戶單片收費，需要通過累計每一張票的票房來盈利，本質的模式是 B2B2C。

買方的性質不同，那自然有不同的風險敞口。

既然電影和電視及網絡劇集的投資與生產都屬於娛樂行業，那必然會有很多通用的生產要素。如果同時掌握了這兩種業務，了解了對應生產要素的特性，你就能使用那些通用的生產要素為原點來設計風險對沖。

雖然具體產品的類型不同，消費的場景不同，生產的週期也不同，但影視娛樂行業內的資金、人員以及很多機器設備都是通用的，而很多基礎版權、物資與場地也都是可以通用的。

網絡內容是不依靠場景的娛樂消費，而院線電影則是高度依賴場景（電影院）的娛樂消費。那麼既然這兩種業務都需要觀眾看片子，肯定可以在不同的消費場景之間形成有效的風險對沖關係。

至於在電影的影片內容方面，偏向男性觀眾的影片和偏向女性觀眾的影片是形成對沖關係的，而讓觀眾感到悲傷與讓觀眾開懷大笑的影片也一樣可以形成對沖關係，甚至對演員高度依賴的真人電影和基本不依賴真人演員參與的動畫影片也可以形成對沖關係。

但這都還不夠。

如果你真正想要有效管控風險，提高資金周轉率，你必須要了解影片生產流程的內部形成的跨週期的風險緩釋機制。聽起來好像很複雜，但最核心的關鍵點其實就是「時機（timing)」。

你也許不一定非得深入江湖去吃虧受罪交學費，但如果你徹底不願意離開辦公室，只是想在空調房裏看公開數據和財務報表，那肯定是不行的。任何人想要掌握江湖運行的規則，起碼得先親自感受一下各種風險敞口到底都長甚麼樣子。

電影業務的全生命週期內各個階段的風險敞口都是不一樣的，所以如果你將電影按照生命週期的不同階段拆散了之後再看，很多的風險本身就已經通過「時間」來形成了對沖。

本書前面的章節已經反覆講過，如果你將一個電影項目抽象出來，看作一個微型經濟體，那麼你就會發現電影的全生命週期也可以抽象成天使輪、A 輪、B 輪、Pre-IPO 和 IPO。那麼如果你已經擁有投出天使輪之後全靠自己的本事就能做到 IPO 的能力，你其實只需要有伯樂的好眼光，去發現千里馬就可以了。

影片越處於早期階段，不確定性就越高，對應的風險也就越高，但影片的價格在這時卻很低。使用同樣規模的資金，面對成熟期的「明星影片」時你只能成為持有「B 類股」的小股東，但同樣的資金量，放在早期階段的「種子影片」，卻可以讓你成為持有「優先股」的話事人。

1975 年，有一位蘇聯經濟學家獲得了諾貝爾經濟學獎，他的名字很長，叫做列昂尼德·維塔耶維奇·康托羅維奇。他最初只是個木材廠的會計，不僅喜歡研究伐木頭，還特別熱愛分析經濟生活當中不同任務之間的關聯性，形成了一套基於數學計算的管理學方法論，叫做「線性編程理論」。

如果你看了本書前面的章節，你應該還記得，電影製片的全業務流程已經被我按照線性關係分解成了 (1) 選題、(2) 開發、(3) 投融資、(4) 籌備拍攝、(5) 拍攝製作、(6) 製作後期、(7) 宣傳營銷、(8) 分窗口發行、(9) 收益結算、(10) 資產證券化，一共十個階段。

對任何一個具體的單體項目而言，這每一個階段其實都必須要依託前序階段的某些成果才能進行後續階段的任務。

雖然不同項目的階段都是相互交叉的，但對於單體的項目而言，這些關係全都是單線程的。所以電影製作所耗費的資金是不可能在同一個瞬間就將（1）到（10）所對應的成本全都花掉。你完全可以先融一部分錢先做（1），然後以（1）的成果為起點再融一部分錢做（2），並以此類推。

但如果你把這一套邏輯拿去銀行辦貸款，那這些專業人士肯定是不會理你的。

因為影視行業的高度不確定性讓銀行根本無法確定你融資做完了（1）之後到底會不會有（2），或者在你做了（3）之後會不會有（4）。

這時候你就需要看看自己所處的金融環境究竟是「發達市場」還是「新興市場」了。

針對這兩個不同的金融市場，你需要兩種不同的投資策略。

在大洋彼岸的美國影視娛樂行業當中，藝術圈的資產證券化已經很成熟，當你希望利用時間分期來完成對沖時，完全可以利用 first look deal（優先選擇期權）與 last refusal deal（末位放棄期權）以及 pre-sale（預售）等「期權合約」來實現電影的跨期風險對沖。

First Look 是確保投資人能夠在藝術家產生了新鮮創意時第一時間獲得投資機會。而 last refusal 則是確保投資人能夠在製片人完成項目打包之後讓自己下定最後的決心。

但荷里活能這樣搞，並不是因為他們有多聰明，而是因為那幫傢伙已經不間斷地發展了一百多年，藉助時間的力量變成了一個發達市場。

他們行業內的崗位責任已經非常細分且明確，對應影片不同階段的風險敞口的管控方式也都已經很清晰，那他們當然可以充分地將已經證券化之後的藝術資產進行各種「股權」、「債權」與「期權」的操作，最大限度地實現「時間」上的對沖。

如果你看過我前面的章節，你就會知道他們的市場上甚至還存在着第三方的「完片擔保債券」和「製片監理（completion guarantee）」來服務投資人。如果你想要低風險，他們甚至可以把你變成「夾層投資人（mezzanine investor）」，進可攻退可守。

如果你照方抓藥，其實就是在踐行經濟學家哈里．馬科維茨所提出的「當代投資組合理論（modern portfolio theory，MPT）」。雖然這個理論曾幫助他獲得了 1990 年諾貝爾經濟學獎，但翻譯成江湖的語言其實很簡單，就是「雞蛋不要放在同一個籃子裏」。

但你需要注意，荷里活能成為發達市場也不完全是靠耗時間，如果沒有完善的產業基礎作為支撐，那他們的分散投資照樣也會變成「大撒幣」，而且稍不注意就會把 MPT 給搞成了「撒胡椒麵」。

但我們中國在很長一段時間裏都將依然處於新興市場階段，很多影視文化類的金融基礎設施都還沒有被建立起來。

在這樣的環境下也可以搞風險對沖麼？

別着急。

請看下一章。

3. 「江湖搞錢」就是要搞「名與利的對沖基金」

我在荷里活搞錢的時候，很自然地要利用他們作為金融學意義上「發達市場」的法律架構來綜合使用權益型資金（equity money）、功德型資金（patronage money）和債權型資金（debt money），這些資金屬性不同，稍加設計就能搞出風險對沖機制。

但在中國，如果你想要實現風險對沖，那最佳的手段只能是在搞清楚時機的基礎上，綜合使用「債權」，讓「擔保措施」與「監理（guarantee）」相結合來實現你對風險的有效管控。

那就讓我們先看一下甚麼是「債權」。

如果你還記得前面章節的內容，你就會知道所謂的「大佬承兑債券」的實質就是一種「債權」。但在我國現行的金融行業規則裏面，債權領域的「專業玩家」其實是銀行，而包括你和我在內的所有其他參與者都屬於「半專業選手」或者是「票友」。只有銀行釋放的債權才能被叫做「貸款」，而其他企業釋放的債權則一般都只能叫「借款」。

在國內影視娛樂行業的江湖當中，半專業選手們釋放的債權則一般是以「固定回報」的方式存在。

「固定回報」這個名字雖然很好聽，但脫掉了馬甲之後其實依然是「債」，而按照專業玩家的銀行們定下的《巴塞爾協議》，你想讓「楊白勞」踐行欠債還錢義務的方法可不能是「拿喜兒抵債」。你的正常路徑只能是提前設置「擔保措施」。

可如果你還記得我在前面講大佬承兌債券的那一章，就可以知道大量的影視企業其實根本沒有任何實際資產可以用作底層抵押。那麼如果你作為投資人採購了號稱可以有固定回報的大佬債券，你其實就是採購了一套「信用債」。可按照華爾街的規矩，這種金融產品的風險其實並不亞於對娛樂產品進行的股權投資。

如前文所說，按照華爾街的規矩，類似於影視娛樂圈裏的固定回報的「信用債」一般用來指代那些「沒有底層資產抵押」或者「還款週期超過十年以上」的債務，是非常複雜的金融產品，不是普通金融新手就可以玩兒的遊戲。

從我行走江湖這麼多年形成的投資風格來看，我肯定不會相信沒有任何底層資產質押就跟我講甚麼固定回報的人。如果要使用債權，那就必須對債務人未來的「還款來源」有清晰的認識。

可是大家都身在江湖，誰能保證對方未來一定能夠有還款能力呢？

這不光是個金融學問題，還是個法學問題，更是一個心理學和行為金融學問題。

綜合本書前面所有章節所講的內容，如果你想要在中國的娛樂圈這個新興市場裏搞債權投資，你必須要研究一下製片人的「人格」到底能否與電影項目對應的「財產權」實現徹底的分離。

製片人的工作肯定是要包括提供「資金」這種生產要素，一般來看都是影視娛樂項目的「買方」。但如果我們詳細分析，其實也可以把製片人這個預算科目看作是電影項目當中的一個成本項，這樣，製片人也可看作是「賣方」，進而製造一個抽象概念叫做電影的「純財務出資人」。

這時候製片人的「人格」和對應影片的「財產權」就發生了分離。

在這種設置之下的純財務出資人是純粹的資金提供方，是純粹的買方。

出資人一定需要一個好的製片人才能夠完成製片業務。但無論這個製片人是署名的製片人還是不署名的幕後實際控制人，對於出資人來說最大的風險都是遇到了一個專業不足而熱情有餘的山寨製片人，江湖上人稱「二把刀」。

但對於一個優秀製片人來說，真正令人不安的事情恐怕不是找錯了出資人，而是發現有可能比自己更專業的其他的優秀製片人居然想來自己這裏搶項目。

搞清楚了這兩個問題之後，對沖關係就出現了。

如果你恰巧既是「專業出資人」又是「專業製片人」，你就可以利用這種對沖關係，同時使用「買方」與「賣方」的身份，通過「名」與「利」之間的關聯性來設計交易結構，進而實現風險對沖。

這時候，如果你還同時是「專業老江湖」的話，你的專業優勢就更顯現出來了。作為一個老江湖你必須能夠看淡一切虛名，將「資金」與「人格」進行徹底的分離。

而完成了分離之後，你就絕對不會繼續執着於甚麼「名利雙收」。

這時的你，手中將擁有兩套模式，分別是「製片人 VS 資金」模式加上「名 VS 利」模式，兩套標準，混合動力。

現在請已經是「雙模混合」的你來閉上眼睛設想一下，從這一分鐘開始，將這個世界上的所有的優秀製片人分成「我」以及「其他的優秀製片人」這兩個大類型。

假設一個由其他的優秀製片人製作的優秀電影項目做到了階段（2）之後沒錢了，想要找我來做整體轉讓，只要價格合適，那我大概率是願意的。

既然對方都已經願意更換實際控制人了，那這個業務模型其實沒那麼複雜。

可如果其他的優秀製片人堅持要搞成名利雙收，不肯放棄實際控制人的身份，這可能就比較尷尬了。因為基於製片人之間的同業競爭關係和江湖上「文人相輕」的傳統，人家可能根本就不會讓我來分一杯羹。

但如果你從金融的角度看，其他的優秀製片人尚未全部完成但卻已經做了一部分的「未完成項目」肯定也是有財務價值的。

如果我想要這些財務價值與我有關，首先需要我徹底放下名利雙收的執着。

假設其他的優秀製片人將項目做到了（3），花費了「N 萬元」，那哪怕是我自己親自上陣，回到（1）的階段從頭開始做，做到（3）的時候恐怕也得花費不少費用。只要我自己先放下名利雙收的執着，基於「N 萬元」的一部分為「信用額度」的上限，並以項目的 (3) 階段以前的成果作為抵押來借點錢給對應的其他的優秀製片人，對方就完全有可能將自己的項目順利完成 (4) 階段，並到達 (5) 階段。

而做到 (5) 階段了，就必然會有其他的投資方出現。

這時其他的優秀製片人就可以向我還債，而我自然也就解除擔保，開開心心實現套現退出。

這個過程中，如果對應的優秀製片人走到 (4) 階段確實走不下去了，那必然無錢還債並導致「債務違約 (obligation default)」。這時我作為一個至少和原本的優秀製片人同樣優秀的製片人，大不了就是收回抵押物自己接着幹唄。

而且我最初支付給 (3) 階段的金額肯定是低於「N 萬元」這個信用額度上限的。如果真的發生了債務違約，我肯定要損失一些利息，但從會計恆等式的角度看，依然等於我是以一個「折扣價格 (discount price)」完成了針對別人項目的事實收購。

在這個過程中，我就不再是簡單的製片人，而是集合了債權人、製片監理和候補製片人的三合一身份。債權人當然是指錢由我來出，而製片監理就是指片子雖然是由那些找我借錢的其他的優秀製片人來負責製作，但卻必須由我來給對應的項目做「資金流向及成果監管」，以防止其他人大腦短路之後直接拿着我的錢「回家開飯館」。

至於候補製片人這個身份，指的是如果連製片監理都爆雷了，那我就徹底接管項目，自己用自己的江湖能力給這個業務完成「再保險」。

這個投資策略就被我戲稱為「名與利的對沖基金」。

而在這個策略的全流程當中，如果不發生債務違約，那我肯定是得不到任何虛名的，因為對應的項目只是被質押給我，而不是轉讓給我。所以當承擔債務的其他的優秀製片人在完成了還本付息之後，對應的項目自然會被解除抵押，那我就開開心心地套現退出。

雖然沒有獲得虛名，但卻獲得了「還本付息」這個令人欣喜的投資成果。

從製片人的角度看，我在這個「名與利的對沖基金」中肯定做了不少原本該由其他的優秀製片人來完成的工作，但卻無法從對應的項目當中獲得任何署名與藝術上的肯定，心理難免覺得有點寒磣。

但如果我從投資人和資金成本的角度看，這種操作實際上最大限度對沖了風險，提高了投資收益率。

用《讓子彈飛》裏葛優的台詞來總結就是：「賺錢的事兒麼，生意，不寒磣。」

所以我根本不覺得寒磣。

我是在做生意，不是在當藝術家。

既然大家都滿意，那就是非常好的生意。

書中重要事件年表

公元前約 388 年（東周安王十四年），墨翟留下了《墨經》，初次在書中講解了「小孔成像」的原理，這是現代攝影術的基礎原理。

937—975 年之間，具體年代不詳，南唐藝術家顧閎中使用「古法斯坦尼康」創作了《韓熙載夜宴圖》（*The Night Entertainments of Han Xizai*），原作尺寸：28.7cm × 335.6cm。

1503—1517 年之間，李奧納多・達文西（Leonardo da Vinci）留下了油畫《蒙娜麗莎》（*Mona Lisa*），原作尺寸：77cm × 53cm。

1642 年，林布蘭・哈爾門松・凡・萊恩（Rembrandt Harmenszoon van Rijn）留下了油畫《夜巡》（*De Nachtwacht*），原作尺寸不詳，多次被損壞裁剪後的原件尺寸：363cm × 437cm。這是高水平藝術大師的高水平藝術作品導致投資人破產的一次實證。

1665 年，約翰尼斯・維梅爾（Johannes Vermeer）留下了油畫《畫意私情》（*Girl with a Pearl Earring*），原作尺寸：44.5cm × 39cm。這是高水平「作弊大師」與特會喝大酒的「老江湖」聯手後名利雙收的一次實證。

1776 年，亞當・斯密（Adam Smith）發表了《國民財富的性質和原因的研究》（*An Inquiry into the Nature and Causes of the Wealth of Nations*），又名《國富論》，提出了勞動分工原則和比較優勢原理。

1793 年，雅克－路易・大衛（Jacques-Louis David）留下了油畫《馬拉之死》（*The Death of Marat*），原作尺寸：165cm × 128cm。

1805—1807 年，雅克－路易・大衛已經從支持雅各賓派轉而支持拿破崙，創作了油畫《拿破崙一世加冕大典》（*Le Sacre de Napoléon*），原作尺寸：610cm × 931cm。

1867 年，卡爾・馬克思（Karl Marx）發表了劃時代的經濟學著作《資本論》（*Das Kapital*）。

1896 年，盧米埃兄弟（Lumière Brothers）在家裏的縫紉機被人踩壞之後，發明了一系列電影設備並拍攝了短片《火車進站》（*L'arrivée d'un train à La Ciotat*），被認定為人類社會的第一部電影。

1904 年（清光緒三十年），四川總督錫良成立官督商辦川漢鐵路公司，並發行股票向民間進行募資。因為朝廷拿不出錢來，鐵路公司的管理權數次易手，並由官督商辦變成了事實上的「純民營」，繼續向民間集資。但修路資金卻被挪用，築路之後終未通車。1911 年（清宣統三年），清政府企圖將川漢鐵路收歸國有，但卻拒不返還投資款，於是四川爆發「保路運動」。清政府調動湖北新軍前往四川鎮壓，與築路工人爆發武裝衝突。同時的湖北卻爆發了「武昌起義」，大清帝國轟然倒地。

1911 年，詩人卡奴多（Ricciotto Canudo）發表了《第六藝術宣言》（The Birth of the Sixth Art），初次在藝術評論領域提出「電影是一種藝術」。

1923 年，詩人卡奴多同意讓出電影在藝術圈的「番位」，從「第六藝術」禪讓成為「第七藝術」，並發表了《第七藝術宣言》（Reflection on the Seventh Art）。在這之後，電影始終是「第七藝術」，再未做過其他讓步。

1928 年，約翰・馮紐曼（John Von Neumann）在研究了「倆小孩兒分蛋糕」之後，發表了《起居室遊戲理論》（Theory of Parlor Games），初次提出了「博弈論」的原型。

1937 年，朗奴・哈里・高斯（Ronald Harry Coase）發表了《企業的本質》（The Nature of Firm），解釋了在人力資源建設上「捨不得花小錢必然虧大錢」的道理。

1939 年 3 月 30 日，DC 漫畫出版了《蝙蝠俠》（*Batman*）第一期，「煤老闆」家有錢任性的大少爺登場。

1941 年，「戰鬥文青」阿爾弗雷德・溫斯洛・瓊斯（Alfred Winslow

Jones）在認真分析了不同利益群體之間的衝突關係之後，發表了《生活、自由與財富：一個關於衝突的故事以及一套衡量相互衝突的權利的方法》（Life, Liberty, and Property: A Story of Conflict and A Measurement of Conflicting Rights），初步提出了「利益衝突」之間存在的「對沖」關係。在這之後，他持續研究，不斷寫文章，並最終在 1949 年發表了自己的封神之作《目前幾種時髦的預測市場的方式》（Fashions in Forecasting），提出了「風險對沖」這種投資方法，設計出了現代意義上「對沖基金」的業務模型。

1948 年，諾伯特 · 維納（Norbert Wiener）出版了《控制論：或關於在動物和機器中控制和通信的科學》（*Cybernetics: Or Control and Communication in the Animal and the Machine*）。

1954 年，在美國被軟禁起來的錢學森（Hsue-shen Tsien）綜合了維納的理論後加入了自己的工程學思考，出版了《工程控制論》（*Engineering Cybernetics*）。

1960 年，朗奴 · 哈里 · 高斯發表了《社會成本問題》（The Problem of Social Cost），提出了「交易成本」這個新概念。

1968 年，電影《製片人》（*The Producers*）上映票房爆棚，製片人、編劇兼導演西德尼 · 格雷澤（Sidney Glazier）乘勝追擊將其改編成舞台劇在百老匯演出。《製片人》舞台劇首演後持續連演超過六十年，並多次更換班底復排。2005 年時舞台劇已換由蘇珊 · 史特羅曼（Susan Stroman）任導演，她再次將舞台劇翻拍成了 2005 年版本的電影《製片人》。

1970 年，原本參加《虎！虎！虎！》（*Tora! Tora! Tora!*）項目的黑澤明導演已經在影片製作過程中被勸退離組，工作成果被全部清除，署名被取消。影片上映時的導演署名位置第一位的是美國人理查德 · 弗萊徹，第二和第三則分別是日本導演深作欣二、舛田利雄。

1972 年，丹尼爾 · 卡尼曼（Daniel Kahneman）和阿摩司 · 特沃斯基（Amos Tversky）發表了《主觀可能性：對代表性的決斷》（Subjective

Probability: A Judgment of Representativeness, *Cognitive Psychology*, Volume 3, Issue 3, July 1972, Pages 430-454）。

1975 年，蘇聯經濟學家列昂尼德・維塔耶維奇・康托羅維奇（Leonid Vitaliyevich Kantorovich）憑藉線性編程理論獲得諾貝爾經濟學獎。

1978 年，錢學森和許國志、王壽雲發表《組織管理的技術 —— 系統工程》，刊載於《文匯報》，1978 年 9 月 27 日。

1988 年，錢學森等出版《論系統工程（增訂本）》（湖南科學技術出版社）。

1990 年，哈里・馬科維茨（Harry Markowitz）獲得諾貝爾經濟學獎。

1991 年，朗奴・哈里・高斯獲得諾貝爾經濟學獎。

1993 年，電影《侏羅紀公園》（*Jurassic Park*）上映，史提芬・史匹堡（Steven Spielberg）導演，片長 127 分鐘。

1994 年，約翰・納殊（John Nash）獲得諾貝爾經濟學獎。

1997 年，電影《第五元素》（*The Fifth Element*）上映，洛・比桑（Luc Besson）導演。

1999 年，大衛・鄧寧（David Dunning）、賈斯汀・克魯格（Justin Kruger）發表《不光技能缺乏而且渾然不覺：論無法正確認識自己的能力不足是如何導致了自我評價的膨脹》（Unskilled and Unaware of It: How Difficulties in Recognizing One's Own Incompetence Lead to Inflated Self-Assessments, *Journal of Personality and Social Psychology*, December, 1999）。

2001 年，電影《有你終生美麗》（*A Beautiful Mind*）上映，朗・霍華德（Ron Howard）導演。

2001 年，喬治・阿克洛夫（George Akerlof）、安德魯・米高・斯彭思（Andrew Michael Spence）、約瑟夫・斯蒂格利茨（Joseph Stiglitz）同時獲得諾貝爾經濟學獎，三人的研究方向都是「道德風險」。

2001 年，大衛 · 霍克尼（David Hockney）出版《隱秘的知識：重新發現古代大師們已丟失的技術》（*Secret Knowledge: Rediscovering the Lost Techniques of the Old Masters*）。

2002 年，丹尼爾 · 卡尼曼（Daniel Kahneman）獲得諾貝爾經濟學獎。

2003 年，電影《畫意私情》（*Girl with a Pearl Earring*）上映，彼得 · 韋伯（Peter Webber）導演。

2005 年，我的老師羅拔 · 奧曼（Robert Aumann）獲得諾貝爾經濟學獎。

2006 年，野上照代的著作《天気待ち —— 監督・黒澤明とともに》被翻譯成英文出版，書名定為 *Waiting on the Weather: Making Movies with Akira Kurosawa*。這本書後來被吳菲等譯者翻譯成中文版本，出版時取名為《等雲到：與黑澤明導演在一起》（上海人民出版社，2010）。

2008 年，《錢學森書信選》由國防工業出版社出版。

2009 年，奧利弗 · 威廉森（Oliver Williamson）獲得諾貝爾經濟學獎。

2010 年，電影《讓子彈飛》（*Let the Bullets Fly*）上映，姜文導演，片長 132 分鐘。

2012 年，田草川弘（Hiroshi Tasogawa）出版《天皇班底：黑澤的珍珠港》（*All The Emperor's Men: Kurosawa's Pearl Harbor*），講述了導演黑澤明與製片人埃爾默 · 威廉姆斯（Elmo Williams）之間的快意恩仇。

2012 年，勞埃德 · 沙普利（Lloyd Shapley）與阿爾文 · 羅思（Alvin Roth）獲得諾貝爾經濟學獎。

2013 年，尤金 · 法馬（Eugene Fama）、拉爾斯 · 漢森（Lars Hansen）、羅伯特 · 席勒（Robert Shiller）共同獲得諾貝爾經濟學獎。

2014 年 10 月，電影《飛鳥俠》（*Birdman*）上映，艾力謝路 · 高沙里斯 · 依拿力圖（Alejandro González Iñárritu）導演，片長 119 分鐘。

2015 年，電影《沽注一擲》（*The Big Short*）上映，亞當 · 麥奇（Adam McKay）導演，片長 130 分鐘。

2015 年 7 月，舞台劇《滾蛋吧！腫瘤君》首演，于奧編劇，楊碩導演。

2015 年 8 月，電影《滾蛋吧！腫瘤君》（*Go Away Mr. Tumor*）上映，韓延導演，片長 128 分鐘。

2015 年 12 月，電影《唐人街探案》（*Detective Chinatown*）上映，陳思誠導演，片長 135 分鐘。

2016 年，奧利弗．哈特（Oliver Hart）獲得諾貝爾經濟學獎。

2017 年，電影《正義聯盟》（*Justice League*）上映，薩克．薛達（Zack Snyder）導演，片長 120 分鐘。這不是導演剪輯的版本，而是製片人行使剪輯權後出現的版本。

2018 年，電影《唐人街探案 2》（*Detective Chinatown 2*）上映，陳思誠導演，片長 120 分鐘。

2021 年，電影《薩克．薛達版本的正義聯盟》（*Zack Snyder's Justice League*）上映，薩克．薛達導演，片長 242 分鐘。這是導演自己剪輯的版本，比 2017 年的製片人剪輯版本至少多了兩個小時的劇情。

2021 年，電影《唐人街探案 3》（*Detective Chinatown 3*）上映，陳思誠導演，片長 136 分鐘。

書中重要人物及詞彙索引

A

B

C

D

E

F

G

H

I

J

K

L

M

N

O

P

R

S

責任編輯　陳　菲
書籍設計　師　嵐
責任校對　江蓉甬
排　　版　肖　霞
印　　務　馮政光

書　　名　娛樂圈經濟學：中國電影監製的親傳秘辛

作　　者　岳翔

出　　版　山頂文化
Hong Kong Open Page Publishing Co., Ltd.
香港北角英皇道 499 號北角工業大廈 18 樓
http://www.hkopenpage.com
http://www.facebook.com/hkopenpage
http://weibo.com/hkopenpage
Email: info@hkopenpage.com

香港發行　香港聯合書刊物流有限公司
香港新界荃灣德士古道 220－248 號荃灣工業中心 16 樓

印　　刷　中華商務彩色印刷有限公司
香港新界大埔汀麗路 36 號中華商務印刷大廈

版　　次　2024 年 12 月香港第 1 版第 1 次印刷

規　　格　32 開（148mm×210mm）328 面

國際書號　ISBN 978-988-70419-6-2